JN441119

학습잠재력을 깨우는
피드백의 모든 것

학습잠재력을 깨우는

피드백의 모든 것

구본희 지음

학교
도서관
저널

피드백의 모든 것

요가를 배운다. 어렸을 때부터 뻣뻣했던 몸이라 요가는 생각지도 않았는데 허리가, 어깨가, 목이 아프기 시작하면서 더 이상 핑계를 댈 수 없었다. 척추 사이사이 공간 늘리기는 절체절명의 과제가 되었다. 매트 위에서 강사의 유연하고 날렵한 시범을 따라 이리저리 몸을 움직여 본다. 물론 거울로 보는 내 몸은 전혀 그렇지 않다.

"발뒤꿈치에 힘을 더 주시고요, 엉덩이를 천장으로 들어올린다고 생각하세요. 아랫배에도 힘을 주셔야 해요. 손가락 마디마디까지 바닥을 밀고 있으셔야지 손목에 기대시면 안 됩니다." 생각 없이 동작을 하다가 선생님의 한마디 한마디에 내 몸을 점검한다. "언제든지 몸에 무리가 간다 싶으면 바로 그만두고 쉬세요." 하지만 옆에서 다 하는데 아무것도 안 하고 쉬기는 좀 그렇다. "이렇게 앉는 게 힘드시면 그냥 무릎 꿇고 앉으시면 되고요, 그것도 힘드시면 편하게 앉으셔서 따라 하세요." 오늘 내 컨디션을 보고, 내 수준을 살펴 할 수 있는 만큼 하고, 할 만하다 싶거나 욕심이 더 생기면 "숙련자분들은 거기서 오른 다리를 들어 올리세요" 할 때 따라 해 본다. 어떤 때는 강사가 내 팔을 잡아 올려 주거나 등을 받쳐 준다. 말로 해 줄 때도 있다. "등에 힘을 좀 더 줘 보세요. 손끝까지도 힘을 주셔야 해요." 옆에서 속삭이는 말을 듣고 따라 하면 뭔가 동작이 좀 더 분명해진다. 끝나고 잠시 남아 연습을 할 때도 있고, 옆 동료에게 방법을 물어볼 때도 있다.

가르치는 일을 업으로 삼은 사람이다 보니 요가 강사를 눈여겨보게 된다. 어떻게 시범을 보이고, 어떻게 설명을 하고, 어떻게 동기부여를 하고, 어떻게 비계를 놓아 쉽게 접근하게 만드는지. 한두 달 다녀서는 잘 몰랐는데 1년이 넘어가니 어깨가 펴지고 허리도 덜 아프다. 내가 잘 배우고 있구나, 성장하고 있구나, 싶다.

내 수업을 들은 학생들에게도 이런 경험을 주고 싶다. 때로는 지루하고 어려움을 견뎌 내야 하더라도 선생님의 말씀을 따라 하다 보니 내가 쑥 컸다는 걸 느끼게 하고 싶다. 그러려면 교사는 무엇을 어떻게 해야 할까? 피드백에 관한 책을 써야겠다고 생각한 이유다.

누군가 어떻게 해야 피드백을 잘할 수 있냐고 물을 때면 조금 난감하다. 좋은 책을 추천해 달라는 말을 들을 때의 난감함이랄까. 그 사람이 어떤 목표를 가지고 수업과 평가를 설계하는지 알지 못한 채 피드백에 관해 이야기하기란 어렵다. 나에게 좋은 책이 다른 사람의 입맛에 맞으란 법이 없는 것처럼. 피드백이나 책 추천이나 그 사람이 어떤 상황인지, 목적은 무엇인지, 어떤 스타일인지 알아야 가능하다.

그럼에도 불구하고 좋은 피드백을 위해서는 어떤 조건들이 있어야 하는지, 잘 작동하는 피드백이 뭔지 이야기를 풀어 보려 한다. 그러면 어쩔 수 없이 이야기는 평가에서 시작해야 한다. 목표에 도달했는지 여부를 가늠하는 것이 평가이고, 피드백은 목표에 도달하도록 돕는 도구이기 때문이다. 현재 상황과 목표와 차이를 알려면 현재 상황을 판단하는 '평가'가 선행되어야 한다. 그곳이 피드백의 시작이다.

형성평가는 수업 시간에 학생들을 관찰하여 어떻게 학습하고 있는지 그 증거를 찾는 평가를 말한다. 딜런 윌리엄은 「피드백, 형성평가의 핵심이지만 명확하게 전부는 아닌」이란 글을 통해 형성평가의 다섯 가지 핵심 전략을 다음과 같이 이야기했다.

<table>
<tr><th>주체</th><th>학습자는 어디로 가고 있는가</th><th>학습자가 지금 있는 곳은 어디인가</th><th>어떻게 거기까지 갈 것인가</th></tr>
<tr><td>교사</td><td rowspan="3">① 학습 의도와 성공 기준을 명확히 하고, 공유하고 이해한다.</td><td>② 학습의 증거를 이끌어 낸다.</td><td>③ 앞으로 나아갈 수 있는 피드백을 제공한다.</td></tr>
<tr><td>동료</td><td colspan="2">④ 학습자를 서로에게 교육 자원으로 활용한다.</td></tr>
<tr><td>학습자</td><td colspan="2">⑤ 학습자가 스스로 학습의 주인이 되도록 활성화한다.</td></tr>
</table>

목표, 기준 세우기인 ①과 학생 관찰을 통한 형성평가인 ②는 분명 피드백이라 할 수 없다. 하지만 학생의 학습을 위해 이 두 지점은 매우 중요하다. 이 책의 1장에서는 이 부분들을 다룬다. 학생들이 목표를 확실하게 인지할 수 있도록 돕는 방법과 수업 시간에 학생들의 생각을 들여다보며 학습의 증거를 찾는 형성평가의 방법을 구체적인 사례와 함께 제시한다. 형성평가 없이는 피드백도 불가능하다. 형성평가를 포함한 수업과 평가 계획은 피드백의 기본 전제 조건이다.

아울러 피드백에 관해서 잊지 말아야 할 두 가지가 있다. 교사가 돕는다고, 즉 피드백을 준다고 그것을 학생이 다 받아들이는 것은 아니다. 또한 언제까지 교사가 도움을 줄 수는 없다. 스스로 할 수 있는 힘을 길러 줘야 한다. ③, ④, ⑤는 피드백의 책임이 점진적으로 학생에게 이양되는 과정이다.

③은 교사가 주어야 할 피드백이다. 효과적인 피드백을 위한 절대적인 기준은 없다. 시기나 방법을 선택하는 교사의 전문성이 중요하다. 피드백을 통해 학생이 스스로 생각하며 자신의 과제를 수정할 수 있는 기회를 만들어 주는 것 또한 중요하다. 이 내용은 2장에서 다룬다.

④는 피드백의 주도권을 조금 더 학생에게 이양하는 과정, 즉 또래 피드백에 관한 내용으로 3장에서 다룬다. 또래 피드백은 협력적인 문화를 조성할 뿐 아니라 학생들이 그 과정 속에서 성공에 대한 명확한 기준을 갖게 한다. 이러한 안목은 결국 자신의 현재 위치와 과제의 질을 바라볼 수 있는 자기 평가로 이어진다.

⑤는 피드백의 종국적인 목적이라 할 수 있는 자기 피드백으로, 4장의 내용을 이룬다. 메타인지, 성찰, 자기 평가 등 다양한 용어로 사용되지만 결국 학습자 스스로가 목표를 세우고 자신의 상황을 점검하고 성찰하며 다음에 해야 할 일을 계획하여 실천하는 학습자 주도성을 길러 주는 것이 중요함을 말한다.

5장에서는 실제 한 단원의 사례를 통해 피드백을 수업과 평가 설계에 어떻게 적용할 수 있는지를 보이려고 했다. 세부적인 수업 내용을 모두 언급하지는 않았지만 1~5장의 내용이 실제 교실에서 어떤 방식으로 구현될 수 있는지를 담아내고자 했다.

자, 이제 피드백의 세계로 여행을 떠나 보자.

구본희

차례

1

피드백의 초점

- 목표 세우기와 형성평가

한없이 친절하게 피드백을 하기란 현실적으로 불가능하다. 가르치는 학생이 많을 경우 더욱 그렇다. 전략적으로 효과적인 피드백을 하려면 목표를 명확하게 설정해야 한다. 수업 시간 동안 학생이 꼭 알거나 해야 하는 것이 무엇인지 구체적으로 목표를 설정해야 그것에 도달했는지 확인한 후 그에 맞는 피드백을 줄 수 있다. 또한 피드백이 목표를 향해 나아가려면 학생의 현재 상태를 알아야 한다. 그래야 목표 지점과의 격차를 교사가 확인하고 그에 맞는 피드백을 줄 수 있다. 『피드백의 힘(The Power of Feedback)』의 저자 존 해티와 헬렌 팀펄리는 이를 '형성평가 시스템'이라고 불렀고, 이는 다음 세 가지 질문에 대한 답을 구하는 것이라고 했다.

① 어떤 목표를 향해 가고 있는가?
② 지금 수준은 어떠한가?
③ 목표와 차이를 줄이려면 무엇을 해야 하는가?

①은 교사가 학생들이 수업에서 도달하게 하고 싶은 지점, 목표이고, ②는 그에 대한 학생의 상태가 어떤지를 파악하는 형성평가이다. ③은 피드백이다. 이는 어떻게 보면 수업과 평가 설계에 대한 질문이기도 하다. 설계가 제대로 되지 않았다면 교사가 아무리 피드

백을 잘 주고 싶어도 효과적일 수 없다. 해티와 팀펄리 역시 '피드백은 두 번째로 일어나는 일'이며, 피드백을 전달하기 전에 교사의 첫 번째 임무는 '효과적인 수업을 제공하는 일'이라고 했다.

따라서 교사는 목표를 명확하게 하고, 그에 맞는 학생의 이해도를 어떻게 확인할 것인지 계획을 세우고, 학생의 상태를 확인해서 학생이 다음 단계로 넘어갈 수 있게 도와야 한다.

❶ 피드백의 도달점, 목표 세우기

교사가 세운 목표는 바로 평가와 연결된다. 『핵심 질문』의 저자 제이 맥타이와 그랜트 위긴스가 이야기하는 '거꾸로 설계'는 수업 현장에서 목표와 동떨어진 평가에 대한 문제 제기로 시작한다. 그들은 목표한 지점에 정확하게 도달하였는지를 확인하기 위해 다음과 같은 3단계를 제안했다.

1단계 바라는 결과 확인하기	→	2단계 수용 가능한 증거 결정하기	→	3단계 학습 경험 계획하기

1단계는 성취기준을 바탕으로 단원의 목표를 설정하는 단계이다. 교사의 가치관에 따라 목표는 다양할 수 있겠지만 수업에서는 성취기준을 기반으로 해야 한다.

2단계는 학생이 학습한 결과를 알아볼 수 있는 평가 계획을 세우는 단계이다. 목표에 맞는 평가 과제를 개발하고 이를 구체적이고 세부적으로 살필 수 있도록 루브릭을 만든다. 이때 평가 요소는 성취기준에서 뽑아야 하고 가르친 것을 평가해야 한다.

3단계는 목표에 도달하게 하기 위한 학생들의 학습 경험을 선정하고 조직하는 단계로 구체적인 수업 설계 부분이다.

이 모든 것이 유기적으로 연결되도록 수업과 평가의 틀을 짜는 것이 '거꾸로 설계'이다.

거꾸로 설계의 1단계에서는 '어떤 목표를 향해 가고 있는가?'가 결정되어야 한다. 2단계에서는 학생의 학습에 대한 증거를 어디에서 찾을 것인지 평가 계획을 세운 후, 3단계에서 형성평가와 피드백을 통해 '지금 수준은 어떠한가?' '목표와 차이를 줄이려면 무엇을 해야 하는가?'를 고민해야 한다.

목표는 보통 성취기준과 연결된다. 그러나 그 내용이 매우 추상적이어서 목표가 막연하면 교사는 학생이 거기에 도달했는지를 판단하기 어렵다. '단어의 짜임을 분석하여 새말 형성의 원리를 이해한다'라는 성취기준에서 학생들이 단어의 짜임을 분석하고, 새말 형성의 원리를 이해했다는 것을 교사가 확인할 수 있으려면 학생은 이를 말, 글, 동작 등으로 표현해야 한다. 그러므로 목표를 관찰 가능한 수행 동사로 바꿔 준다. '단어의 짜임을 표를 이용하여 정리한다' '새말 형성의 원리를 친구들이 이해할 수 있는 말로 설명한다' '새말 형성 원리를 알려 주는 카드 뉴스를 만든다' 등으로 바꾸면 학생이 수업 후 내용을 분석할 수 있는지, 내용을 잘 이해했는지 확인할 수 있다.

수업에서 목표를 분명하게 하는 것은 시작이자 기본이다. 교사가 학습 목표를 칠판에 적어 놓는 것으로는 학생이 '목표를 알았다'고 보기 어렵다. 따라서 학생들이 도달점을 확실하게 이해할 수 있도록 하는 활동이 필요하다. 단원을 시작할 때 루브릭(채점 기준표)을 제시하고 이에 관해 이야기를 나누거나 학생과 공동으로 루브릭을 만들면 학생들은 이전보다 목표를 훨씬 잘 이해한다.

목표와 평가의 기준, 루브릭 문해력 기르기

루브릭은 흔히 채점 기준표라고 불린다. 나는 채점 기준표라는 말을 그다지 좋아하지 않는데, 그렇게 부르는 순간 채점해서 점수를 부여하는 총괄평가에만 루브릭을 사용한다고 생각할 수 있기 때문이다. 루브릭 대신 배움 확인표, 배움성장 확인표라고도 불리고 있지만 일반적이지는 않아서 여기서는 그냥 '루브릭'이라 칭하기로 한다. 루브릭은 '평가 요소에 기반해 학생의 수행을 수준별로 기술한 것'이다.

루브릭은 '평가 요소' '수행 수준' '기술' 이 세 가지 요소로 이루어져 있다. 한 축에는 '상중하' 나 'ABCDE' 등의 수행 수준을 제시하고, 다른 축에는 평가 요소를 제시한다. 그 사이 매트릭스 안에 각 수준을 평가 요소에 맞게 세부적으로 기술한 내용이 채워져 있다.

목표를 공유하는 방법 중 하나는 단원을 시작할 때 학생들과 성취기준이나 루브릭으로 이야기를 나누는 것이다. 이를 위해 성취기준으로 질문을 만들어 보거나 루브릭을 함께 읽고 단원이 다 끝난 후 다시금 점검하는 시간을 갖는다.

내가 일상적으로 단원을 시작할 때 사용하는 목표 이해 활동은 루브릭을 읽고 질문을 만들어 보는 것이다. 이렇게 하면 학생들은 그냥 읽을 때보다 훨씬 꼼꼼히 루브릭을 읽게 된다. 그 후 모둠별로 친구들과 서로의 질문을 나눠 보게 한다. 그중 모둠의 대표 질문을 뽑으라고 하면 꽤 괜찮은 질문이 걸러진다. 그것을 전체 공유할 때 교사가 즉답이 필요한 것에 관해서는 바로 답을 주고, 나중에 더 이야기할 질문은 '질문 주차장(질문 보관하는 곳)'으로 옮겨 놓는다. 이런 활동을 통해 학생은 도달해야 하는 목표를 이해할 수 있다.

루브릭 함께 만들기

더 적극적으로 루브릭 문해력을 길러 주고자 한다면 학생들과 루브릭을 같이 만드는 방법이 있다. 다음과 같은 내용으로 말하기 수행평가를 한다고 하자.

핵심 질문: 효과적인 소개하기는 어떻게 할까?

■ 1단계: 짝과 대화를 나눈 후, 매체를 이용하여 짝에 관해 소개하는 말하기를 합니다.

국어과 2학년 성취기준

◇ 듣기·말하기 영역

[9국01-01] 듣기·말하기는 의미 공유의 과정임을 이해하고 듣기·말하기 활동을 한다.

[9국01-02] 상대의 감정에 공감하며 적절하게 반응하는 대화를 나눈다.

[9국01-08] 핵심 정보가 잘 드러나도록 내용을 구성하여 발표한다.

[9국01-11] 매체 자료의 효과를 판단하며 듣는다.

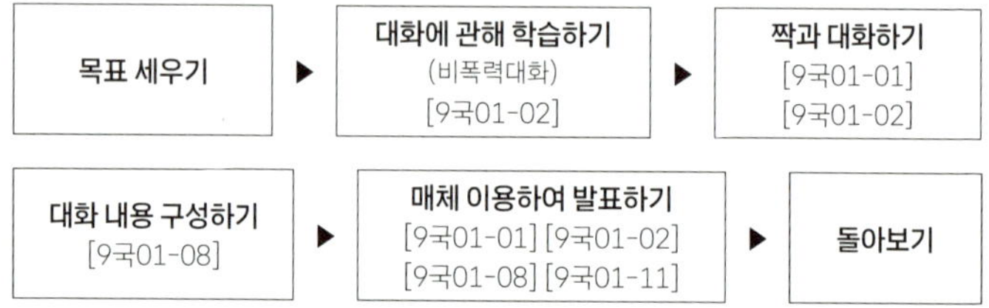

지금까지 봐 왔던 '잘된 말하기 발표'의 모습을 학생들에게 생각해 보게 하고, 발표 내용을 자석 칠판에 공유하며 함께 분류하도록 한다. 이것을 기준으로 성취기준과 비교하여 평가 요소를 뽑고 루브릭을 만든다.

이보다 조금 복잡하게는 선배들의 예전 수행 영상을 보여 주며 잘된 점과 그렇지 않은 점을 찾은 후, 성취기준을 근거로 잘된 말하기 발표란 어떤 것인지 2분 정도 각자 써 본다. 자신이 쓴 내용을 성취기준에 맞게 분류하고, 그 내용을 자석 카드에 작성한다.

모둠별로 이야기를 나누면서 겹치는 내용은 빼고 빠뜨린 성취기준 관련 내용은 의논하여 만들어 본다. 모둠에서 정리된 카드를 칠판에 붙이면, 교사가 학생들과 함께 읽으면서 이를 재분류하여 평가 요소를 추출한다. 각 모둠은 칠판에 적힌 내용을 참고하여 모둠별 루브릭을 만든다. 이후 교사가 만든 루브릭을 제시하면 본인들이 만든 것과 비교하여 다른 점을 찾고, 궁금한 점에 관해 질문을 작성한다.

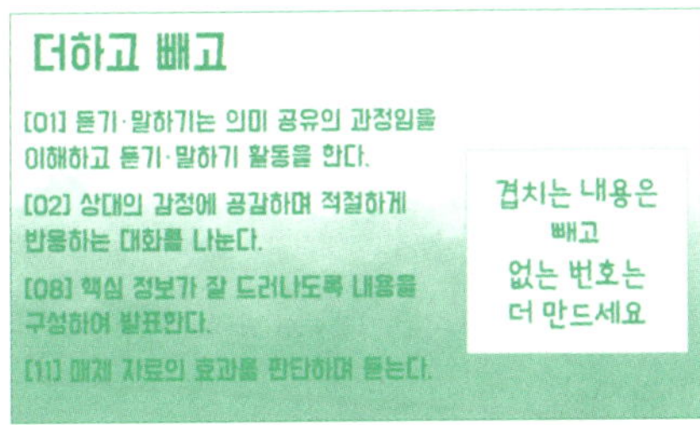

없는 내용은 더하고 겹치는 내용은 빼기

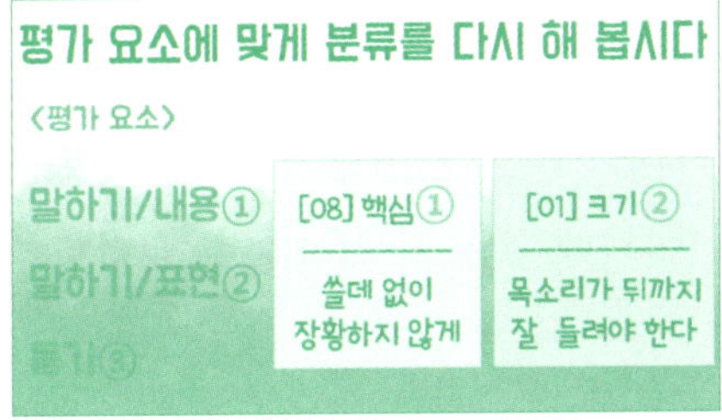

평가 요소에 맞게 분류하기

❷ 피드백의 시작점, 형성평가

수영 대회에 나간다고 생각해 보자. 수영 코치는 선수가 배영을 할 때 발이 물밑에 가라앉아 있다는 것을 보게 되면(형성평가) 발차기 연습을 더 시킬 것이다(피드백). 자유형을 할 때 고개를 너무 많이 들어 숨을 쉴 때마다 속도가 느려진다는 걸 알게 되면(형성평가) 멈춘 상태에서 고개를 살짝 젖혀 숨 쉬는 동작을 연습시킬 것이다(피드백). 코치는 선수의 모습을 관찰하면서 상태를 파악하고 더 나아지도록 만들기 위해 조언을 해 준다. 이것이 형성평가에 따른 피드백이다. 코치는 말로 설명하기도 하고, 직접 동작을 시연하기도 한다. 선수는 그것을 바탕으로 다시 연습해 볼 것이다. 금세 고쳐지기도 하고 그렇지 않을 수도 있겠지만 이런 과정을 거쳐야만 실력이 나아진다. 즉, 수영 대회라 할 수 있는 총괄평가에서 더 향상된 모습을 보이기 위해서는 형성평가 과정에서 가르치는 사람의 적절한 피드백이 반드시 필요하다. 그러기에 '피드백'이란 말은 형성평가와 붙어 다닌다.

「학생의 학습을 향상시키는 교사 피드백의 방법(Teacher Feedback to Improve Pupil Learning Guidance Report)」에서는 양

질의 피드백을 위해 교사가 목표와 학생 수준 간의 학습 격차를 형성평가를 통해 측정해야 한다고 한다. 효과적인 형성평가의 방법으로는 '효과적인 질문' '모든 학생이 응답할 수 있는 시스템' '신중하게 설계된 과제'를 들고 있다.

효과적인 질문을 통해 교사는 학생의 이해도를 파악할 수 있다. 전체 수업을 꿰뚫는 핵심 질문이나 전체를 아우르고 일관되게 맥을 짚는 '안내 질문(guiding question)'[1]은 단원을 설계하면서 미리 계획한다. 즉석에서 던지는 질문에만 의존하지 말고, 학생의 사고가 필요한 다양한 질문을 미리 설계해야 한다. 수업 중에 갑자기 생각이 나지 않을 수 있으므로 사전에 학습지나 슬라이드 등을 이용하여 준비하는 것이 좋다. 또한 학생들이 생각할 수 있는 충분한 시간을 주어야 한다. 3초 이상의 대기 시간이 주는 효과를 연구한 메리 버드 로우는 3초 대기 시간이 학생들 사고의 정교함을 높인다고 이야기했다. 3초 대기 시간을 가진 학생들의 경우 증거와 추론을 더 많이 사용했으며 모르겠다고 응답하는 빈도 또한 현저히 줄어들었다.

질문 후에는 주제에 대한 전체 학생들의 이해도를 측정하여 피드백을 제공하기 위해서 모든 학생이 응답하는 시

1) 개념 기반 교육과정에서 안내 질문은 교육과정의 핵심을 관통하고 학습을 이끄는 데 매우 중요한 역할을 한다. 사실적 질문, 개념적 질문, 논쟁적 질문으로 나뉜다.

스템을 만들어야 한다. 간단한 퀴즈나 이해했을 시 엄지손가락을 올리는 등의 행동을 이용한 답변, 혹은 '출구 티켓 전략' 등을 이용할 수 있다.

신중하게 설계된 과제도 매우 중요하다. 일반적으로 학습지의 형태로 제공되는데 어떤 과제든 교사는 피드백을 염두에 두고 설계해야 한다. 과제가 학생의 사고를 드러내는 증거가 되도록 구성하되, 이 과제가 실제로 학생의 사고를 보여 주는지, 그리고 그를 바탕으로 피드백이 가능한지 늘 점검해야 한다. 그러려면 괄호나 빈칸을 채우는 학습지보다는 자신의 생각을 표현할 수 있도록 하는 것이 효과적이다.

형성평가는 쪽지 시험과 같은 테스트나 구조를 갖춘 글쓰기와 같이 형식적인 방법 말고도 수업 시간 중 잠깐씩 말과 글, 행동 관찰 등으로 확인하는 비형식적인 방법도 가능하다. 어떤 방법이 되었든 교사가 학생의 이해도를 확인할 수 있다면 그에 관한 처치, 즉 피드백을 할 수 있다. 온라인

페어덱을 이용하여 학생의 상태 파악하기

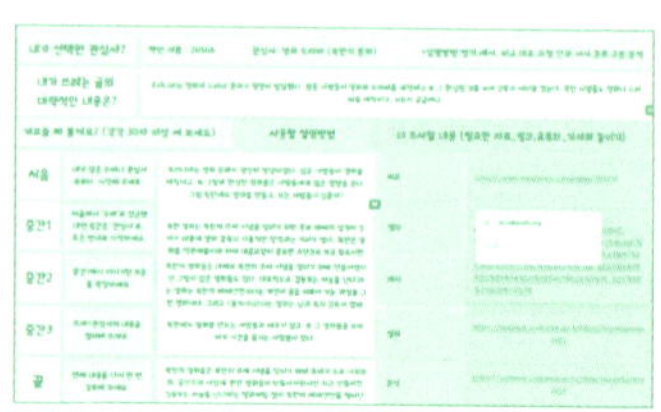
알로를 이용하여 학생의 생각 파악하기

도구를 사용하면 더 빠른 점검이 가능하다.

학생들이 주제 탐구 보고서를 써야 하는 상황에서 자신이 탐구할 주제에 관해 초점을 맞추는 수업을 했다고 하자. 그렇다면 이제 본격적으로 정보 탐색에 들어가야 할 단계인지 아닌지 판단을 내려야 한다. 이때 '온라인 도구'를 이용하여 현재 상황을 가볍게 파악할 수 있다.

교사는 학생의 머릿속에 무엇이 들어있는지 정확하게 알지 못한다. 머릿속 생각이 '표현'되어야 그를 통해 어떤 생각을 하고 있는지, 제대로 알고 있는지 유추할 뿐이다. 표현은 말로, 글로, 행동으로 모두 가능하다. 보이지 않는 생각을 볼 수 있게 하는 하는 다양한 방법이 형성평가라고 생각하면 된다.

학생들에게 정의, 예시, 비교와 대조 등 설명 방법을 가르친 후 이를 확실하게 이해했는지 확인해 보고 싶을 때 여러 가지 형성평가가 가능하다. 온라인 도구를 이용하여 직접 답을 적어 보거나 문제를 풀어 볼 수도 있고, 배우고 익힌 것을 친구들에게 설명할 수도 있다. 조금씩 다른 방식으로 여러 차시에 걸쳐서 하는 점검은 학생들의 인출을 도와 배운 것을 장기 기억으로 옮길 수 있도록 한다.

차시	수업 내용	비고
1	설명 방법 익히기	구글 클래스룸(유튜브 등 인터넷 자료, 상중하 수준의 읽기 자료 PDF), 이어폰, 크롬북
2	설명 방법 점검하기, 친구에게 설명하기(형성평가) + 적극적으로 책 읽기	페어덱, 학습지, 포스트잇 플래그
3	설명 방법 점검하기(형성평가) + 설명 방법 파악하며 책 읽기	띵커벨, 포스트잇 플래그
4	설명 방법 점검하기(형성평가) + 설명 방법 파악하며 책 읽기	구글 설문지, 학습지, 포스트잇 플래그
5	다른 과목 교과서 읽으며 설명 방법 찾아보기(형성평가) + 설명 방법 파악하며 책 읽기	다른 과목 교과서, 띵커벨, 공책, 포스트잇 플래그

형식적인 형성평가는 교사가 미리 계획한 절차나 도구를 사용한다. 위에 언급한 쪽지 시험이나 온라인을 이용한 퀴즈 등이 가장 흔하게 사용된다. 정기적인 테스트는 학생들의 학습 습관을 형성하고 이해도를 빠르게 파악하는 데 좋다. 하지만 학생이 어떤 사고 과정을 거쳐 그런 답을 내놓았는지는 잘 알 수 없고 학생들의 개념적 이해를 확인하는 데도 한계가 있다.

총괄평가를 준비하는 과정으로, 총괄평가와 다른 소재나 주제를 다루거나 총괄평가의 내용을 쪼개서 형성평가로 다룰 수 있다. 개념적인 이해를 확인하기 위한 서술형 총괄평가를 위해 유사한 문항을 이용하거나, 학생들과 수업 시간에 이전 기출 문제를 함께 풀어 봐도 좋다. 이때 총괄평가에서 사용할 루브릭을 함께 이용하여 피드백을 주면 학생들은 총괄평가를 더 잘 준비하게 된다. 학습한 부분에 관한 문항과 그에 관한 정답 및 해설을 만든 후, 친구들이 만든 문제를 풀어 보게 함으로써 학생들의 이해 정도를 확인할 수 있다. 형식적인 형성평가 또한 연습의 과정이기 때문에 교사가 충분히 지원해 주고, 친구들의 도움도 받을 수 있도록 한다.

비형식적인 형성평가는 매우 일상적이다. 이는 교사가 수업 중에 학생들의 반응이나 행동을 관찰하여 즉시 이루어지는 평가이다. 수업 시간에 하는 질문과 답변, 교사의 관찰, 손 들기나 이해 정도를 손가락으로 표시하기 등이 있다. 모든 학생을 일으켜 세운 후 짝에게 배운 내용을 설명하고 둘 다 이해했다면 자리에 앉도록 하거나, 돌아다니면서 친구 두 명을 만나 답안을 비교해 보는 등 행동을 이용한 형성평가는 수업에 활기를 불러일으킨다. 학생들이 학습지를 푸는 동안 돌아다니면서 어떻게 답을 쓰고 있는지 관찰하고 확인해야 학생들의 오개념을 알 수 있고, 누구에게 어느 부분에 대해 피드백을 줄 수 있는지 파악이 가능하다. 교사는 학생들이 쓴 것을 읽어 보고, 왜 그렇게 썼는지 묻는다. 적지 못하고 있다면 어느 부분에서 막혔는지 물어야 한다. 엉뚱하게 작성하였다면 지난 시간에 배운 개념을 다시 물어보고, 기억을 못 한다면 찾아볼 수 있도록 돕는다. 단순히 교실을 돌면서 학생들이 몇 줄 썼는지, 빈칸을 다 썼는지만 확인한다면 해당 활동이 형성평가로서의 기능을 한다고 보기 어렵다. 이 경우 교사는 당연히 어떤 피드백을 줘야 할지 알 수 없게 된다. 즉, 학생이 자신의 이해 정도를 표현할 수 있는 형성평가라는 판을 깔아 주지 않으면 피드백은 불가능하다. 교사가 혼자서 계속 강의를 하여 학생들이 수동적으로 듣기만 할 경우, 학생들의 눈빛이나 표정만으로 이해도를 파악하는 것은 쉽지 않기 때문이다.

하버드 대학교에서는 학생들이 미래의 핵심적인 역량을 어떻게 기를 수 있을지 연구하기 위해 '프로젝트 제로'라는 것을 만들고, 학생들의 생각을 보이게 하는 방식인 '비저블 씽킹(visible thinking)'을 위해 다양한 '사고 루틴'을 개발해 왔다. 사고 루틴이란 복잡한 아이디어를 탐색할 때 생각의 과정을 시각화하여 사고의 깊이를 더하는 것을 목표로 하는 생각의 패턴이나 짧은 활동이다. '생각-짝-공유하기'나 '3-2-1 다리' '보기-생각하기-궁금해하기' '연결-확장-도전' 등의 사고 루틴 활동을 통해 학생들이 수업 시간에 배운 것을 얼마나 이해하고 적용하고 있는지를 확인할 수 있다. 이때 중요한 것은 반드시 개인적으로 생각할 시간을 충분히 가진 후에 친구와 대화를 나눠야 한다는 점이다. 또한 아무 구성원에게나 발표시키므로 친구 말을 경청하라고 교사가 미리 주지시켜야 한다.

수업 시간에 더 많이 생각하고 더 잘 듣고 누구나 발언하게 하려면 모둠활동의 구조를 잘 짜 둬야 한다. 모둠활동을 시작하기 전에 왜 모둠활동이 필요한지 논의를 한다든지, 본인의 자세, 모둠의 약속 등을 간단히 생각해 본다. 바람직한 혹은 바람직하지 못한 모둠활동 때의 모습을 T차트 등을 이용하여 적어 볼 수도 있다. 활동을 시작하면서 교사가 모둠에서 논의한 것을 발표해야 하니 친구의 말도 잘 경청해야 한다고 주지시킨 후 모둠에서 이야기하는 방식을 안내할 수도 있다. 돌아가면서 본인이 쓴 학습지 답안을 읽는 것이 아니라 한 친구가 말을 하면 콘 아이스크림을 쌓듯 앞 이야기에 덧붙여 말을 한다든지, 한 사람이 말했을 때 돌아가면서 질문을 하거나, 동감하는 말을 덧붙이는 등 방법을 제시하면 학생들은 더 활발히 의사소통한다. 또한 모둠 안에서 임의로 번호를 정해 주고(창문 쪽, 칠판 쪽이 1번, 거기서부터 반시계 방향으로 2, 3, 4번이야) '모둠별로 3번이 발표해 봅시다'와 같이 발표자를 추후에 지정한다. 잘하는 학생만 발표하는 것이 아니라 누구나 대답을 해야 하는 구조가 되면 학생들은 짝 혹은 모둠의 생각들도 잘 흡수하려 한다.

배운 내용을 시각화하여 그림으로 그리거나 다양한 방식의 그래픽 조직자를 사용하면 학생들의 사고 과정을 한눈에 파악할 수 있다. 이러한 방법들은 교사가 학생의 사고를 들여다볼 수 있도록 도와 단순히 정답 여부를 확인하는 것을 넘어 학생의 학습 과정을 이해하고 실시간으로 학습을 지원하게 해 준다.

2

교사 피드백, 어떻게 할까?

학생이 정답이 명확한 개념을 잘 모르거나 오개념을 가지고 있을 때, 자칫 정답만 가르쳐 주고 피드백을 끝마칠 수 있다. 학생들이 쓴 글이 마음에 들지 않을 때 그 부분을 고쳐 주고 괜찮은 결과물에 흡족해하기도 한다.

그런데 이런 것이 진짜 피드백일까? 학습에서 피드백의 목적은 정답을 알려 주거나 더 질 좋은 결과물을 만들게 하는 것을 넘어, 학습자가 현재 상태를 이해하고 더 나아갈 수 있도록 하는 것이다. 궁극적으로는 교사 없이도 학습자가 스스로 자기 상태를 점검하고 독립적으로 성장할 수 있도록 도와주는 것이다. 그렇다면 피드백을 어떻게 해야 할까?

교사 피드백에서 중요한 점은 학생에게 피드백을 받아들이고 이를 반영하여 수정할 수 있는 기회를 주어야 한다는 점이다. 그런 의미에서 총괄평가와 함께하는 피드백은 학생에게 그다지 의미가 없다. 말하기나 실제 시연이 끝나고 주는 피드백은 그 점수를 준 이유에 대한 설명일 경우가 많기 때문이다. 장기적으로 학생이 다시 이와 비슷한 시연을 하게 될 때 도움이 될 수는 있겠지만, 학생은 피드백의 내용보다는 자기가 받은 점수에만 관심을 보인다. 실제로 학생들은 선생님이 열심히 피드백을 달아 점수와 함께 돌려준 답안지를 받으면 점수만 보고 바로 책상 서랍 속에 넣는다. 하지만 형성평가에서 피드백을 준다면 학생들은 더 나은 결과를 얻기 위해 피드백을 받아들여 과제를 수정할 것이다. 수정할 시간은 수업 시간에 주는 것이 중요하다. 그렇지 않을 경우 잘하려는 의지가 있는, 혹은 성적에 관심이 많은 학생들만 피드백을 수용하게 된다. 그러므로 반드시 수정할 시간 계획까지 함께 세우는 것이 필요하다.

흔히 '잘했어' '좋았어' '멋져' 등의 칭찬을 피드백이라고 오해하는 경우가 있다. 그러나 칭찬, 특히 막연한 칭찬은 피드백과 달리 학생들의 상태에 관해 구체적인 정보를 주지 않는다. 칭찬을 들으면 기분은 좋겠지만 학생은 지금 어떤 점이 좋다는 건지, 어떻게 했길래 잘했다는 건지 정보를 얻을 수 없기 때문에 이후의 학습으로 나아가지 못한다. 학생의 행동이나 결과물에서 칭찬하고 싶은 점을 콕 집어 어느 부분이 어때 보이는지 구체적으로 알려 주어야 효과가 있다. 일반적으로 피드백을 '1+2'로 주라고 한다. 칭찬할 것 한 가지, 수정해야 할 것 두 가지, 총 세 가지를 제시하는 것이다. 너무 많은 양의 피드백은 학생들에게 인지과부하를 가져온다. 먼저 세 가지 피드백을 준 후, 피드백에 맞게 잘 고쳤는지를 확인하고, 또 한 번 세 가지 피드백을 주는 것이 바람직하다.

❶ 교사 피드백 방법

「학생의 학습을 향상시키는 교사 피드백의 방법」에서는 교사 피드백을 다음과 같이 나누어 제시하고 있다. 이를 중심으로 피드백의 내용, 대상, 방법, 시기 등에 대해 구체적으로 살펴보고자 한다.

내용	피드백의 내용은 다음 사항에 초점을 맞출 수 있다. - 학생이 수행한 특정한 과제 - 특정한 과목과 관련된 기본적인 과정 - 학생의 자기 조절
사람(대상)	피드백은 다음과 같은 다양한 사람에게 전달할 수 있다. - 전체 학습자 - 특정한 모둠 - 학생 개인
방법	피드백은 다양한 방법을 통해 전달할 수 있다. - 구두(말): 자세한 대화나 간단한 의견 - 서면: 글로 쓴 코멘트나 점수, 혹은 이들의 조합
시기	피드백은 다양한 시기에 전달할 수 있다. - 수업 중 - 수업 직후 - 수업이 끝난 후 어느 때

내용

피드백의 내용 측면에서는 과제, 과정, 자기 조절에 초점을 맞출 수 있다.

내용에서 '과제'에 관해 피드백을 한다는 것은 그 과제의 개선을 위해 구체적인 조언을 하는 것을 말한다. 학생이 낱말을 형태소로 구분해야 하는 것을 어려워할 때 "형태소가 뭐였는지 기억나니?" "그래, 더 쪼개면 뜻이 없어지는 거. 잘 기억하고 있구나. 그럼 '풋사과'를 더 쪼개 볼 수 있을까? 가능할까? 쪼개면 뜻이 없어질까?" 등의 대화를 통해 학생이 과제를 해결하도록 도울 수 있다.

'과정'에 대한 피드백은 학생이 과제를 해결하기 위해 사용한 전략이나 사고, 기능에 관한 조언이다. "하나의 문단에는 하나의 중심 생각이 들어 있다고 했지. 그럼 이 문단에서 중심 생각이 뭘까? 중심 생각이 들어 있는 문장을 찾아볼까?" "음, 그래. 네 말대로 명확하지 않네. 그러면 문단을 나눠서 따로 적어 보는 건 어때?"와 같은 것이 그 예이다.

'자기 조절'에 대한 피드백은 학생이 자신의 학습 계획을 돌아보고 모니터링하고 평가하는 능력을 향상시키는 것을 목표로 한다. "쪽지 시험 예상 점수 옆에 실제 점수를 써넣으세요. 왜 예상과 달랐는지 써 볼까요? 다음에 어떤 점에 더 주의를 기울여야 할지도 생각해 보세요"와 같은 피드백이 그것이다.

대상

일반적으로 피드백이라 하면 학생 개개인에게 주는 것만을 생각하기 쉽다. 그러나 피드백은 개인에게 줄 수도 있고, 모둠이나 반 전체에 줄 수도 있다. 형성평가를 통한 점검 결과 대부분의 학생이 오개념을 갖고 있다는 걸 알게 될 경우, 반 전체에게 피드백을 하는 것이 효율적이다. 이전의 설명으로는 이해가 어려웠다는 것을 감안하여 접근 방식을 바꾸거나, 한 가지 중간 단계, 즉 비계를 더 놓는 것을 추천한다.

글쓰기 과정에서 학생들이 비슷한 실수를 많이 하는 경우 학생의 자원을 받거나 부탁해서 전체가 볼 수 있도록 피드백을 줄 수 있다. 다른 학생들은 구체적인 예시를 통해 더 잘 배울 수 있고, 당사자는 구체적인 피드백을 듣는 기회가 된다. 혹은 개인 피드백을 주다가도 잘된 부분이 있다면 전체가 다 참고할 수 있도록 읽어 주기도 한다. 창의적인 발상을 이용하여 글을 써야 하는 부분에 좋은 예시를 공유하면 학생들은 오글거린다고 하면서도 비슷하게 쓰기 위해 노력하는 모습을 보인다.

학생들이 개요에 따라 기본적인 문단 나누기를 제대로 하지 못한다고 판단될 때는 빨리 완성한 학생의 글을 예시 작품으로 삼아 기본 형식을 표시한 후 학습지로 만들어 배포할 수 있다. 교사의 설명만으로는 잘 이해하지 못했던 부분을 친구의 글과 첨가된 교사의 설명으로 확실하게 이해할 수 있게 된다.

모둠별로 책 대화를 해야 하는 수행 과제를 실시할 경우, 실제 수행평가에 들어가기 전에 자원을 받아 파일럿 모둠을 만들고, 해당 모둠에게 전체 학생 앞에서 시연을 해 보도록 한다. 파일럿 모둠원은 모든 학생이 보는 앞에서 책 대화를 진행하고, 교사는 학생들이 하는 말과 태도에 관해 구체적으로 피드백을 한다.

모둠으로 피드백을 줄 때에는 교사가 적극적으로 학생 모둠활동에 참여하여 학생들의 생각에 귀를 기울여야 한다. 학습지나 전지에 적힌 내용만 보고 교사가 먼저 판단을 내리기보다 왜 그런 결론이 나왔는지 차근차근 묻

도움이 필요한 학생들을 교실 뒤쪽에 모아 모둠 피드백을 준다.

는다. 한 모둠에 너무 오래 머물러 있는 것이 불안해서 전체 모둠이 제대로 하는지 순회만 하는 경우 학생들의 학습을 질적으로 보장하기 어렵다. 형성평가 결과 이해가 느린 학생들을 즉석에서 새로운 모둠으로 편성하여 그들의 이해도에 맞게 피드백을 주면 좋다.

방법

◇ 서면 피드백

학생들이 작성한 글에 교사가 첨삭을 하거나 댓글 등을 이용하여 피드백을 주는 경우가 있다. 이때 교사는 학생의 작품을 꼼꼼하게 보면서 피드백할 수 있고, 학생들은 정확한 피드백을 받을 수 있다. 그러나 담당해야 하는 학생 수가 100명이 넘어갈 경우 교사는 과제에 일일이 피드백을 주기 위해 많은 시간을 투자해야 한다.

이를 보완하기 위해 루브릭을 형성평가에 이용할 수 있다. 중간 단계에서 루브릭에 표시하여 학생에게 제공해 주는 것이다. 빠진 요소가 있을 때 과제물에 색깔 펜으로 요소의 숫자를 적어 주어 본인이 다시 점검하게 하거나, 오류가 있을 때 다른 색 펜으로 그 부분에 밑줄을 그어 중간 점검을 해 줄 수도 있다. 긴 글을 쓸 때 교사가 글씨를 잘못 알아볼 가능성을 줄이거나, 답안의 수정과 첨삭을 쉽게 하도록 하기 위해 온라인 도구를 사용하면 좋다.

서면 피드백은 나중에 다시 참고하기 좋고, 구체적으로 다양한 피드백을 주기에도 유용하다. 그러므로 교사가 시간 부족 등의 이유로 이를 거부해서는 안 된다. 중요한 것은 이런 피드백을 언제 줄 것인지 신중하게 계획을 세우고, 유용한 정보를 학생에게 전달한 후 이를 참고하여 과제를 개선할 시간을 학생에게 주는 것이다. 나아가 교사는 본인이 피드백에 소요하는 시간 또한 조절할 수 있어야 한다.

서면 피드백을 하는 데 시간을 많이 들여 과제 제출을 하고 한참 후에 돌려받게 되면 학생들의 기억이 희미해져 피드백의 효과가 없을 수도 있다. 모든 피드백이 즉각 이루어져야 하는 건 아니지만 애써 시간을 들였는데 그 노력이 효과적이지 않다면 안타까운 일이다. 그러다 보니 AI를 이용하여 피드백을 주는 경우들도 늘어나고 있다. AI는 친절하게 구체적으로 학생들에게 피드백을 해 준다. 단, 교사는 반드시 학생들이 AI의 피드백을 제대로 이해했는지 확인해야 한다. 문해력이 낮은 학생의 경우 AI의 피드백을 읽어도 이해하지 못할 수 있기 때문이다. 이처럼 AI를 사용하면 교사의 부담을 덜 수는 있지만 모든 것을 AI에 의존해서는 안 된다.

◇ 구두 피드백

UCL 구두 피드백 프로젝트 보고서에 따르면 구두 피드백은 서면 피드백보다 소외 계층 학생에게 효과적이다. 또한 교사의 업무 시간을 감소시켜 복지 개선에 기여한다. 얼굴을 맞대고 피드백을 주면 학생의 반응을 표정 등으로 바로 확인할 수 있고, 이해하지 못할 경우 추가적인 설명을 건넬 수도 있다.

구두로 된 피드백은 글쓰기 과정 등에서 '전체 학생과 일대일로 대화 나누기'처럼 계획하에 진행할 수도 있고, "이 소설의 시대적 배경이 언제였죠? 그 당시 시대에 대해 아는 것들을 이야기해 볼래요? 그럼 그중에 이 장면에 해당하는 게 있을까요?"와 같이 즉흥적으로 이루어질 수도 있다. 또한 개별 학생이나 모둠, 혹은 전체 학급을 대상으로 할 수 있다. 아울러 서면 피드백과 함께 제공할 수도 있고 단독으로도 제공할 수도 있다.

교사가 가르친 것을 학생이 모두 배우지 않듯, 교사가 피드백을 준다고 해도 학생은 그것을 온전히 자기 것으로 소화하지 못할 수 있다. 말로 피드백을 줄 때에도 일방적으로 쏟아붓듯 늘어놓으면 학생은 정보가 너무 많아서 처리를 못하게 될 수도 있다. 이에 따로 시간을 내어 음성으로 피드백을 줄 수도 있고, 피드백의 내용을 학생이 기억할 수 있도록 그 자리에서 녹음할 수도 있다. 어떤 방법이든 학생이 이해했는지를 교사가 계속 확인하는 과정이 필요하다.

대면 피드백을 하면서, 교사가 구두로 준 피드백을 학생 스스로가 이해한 대로 작품이나 결과물에 붙임쪽지로 적어 붙일 수도 있다. 학생이 적은 내용을 보면 피드백을 어느 정도 이해했는지 알 수 있다. 구글 문서 등 온라인으로 작업을 할 때는 교사의 피드백을 학생이 스스로 메모나 댓글을 달아 정리해 보게 한다. 본인이 수정했으면 확인을 눌러 댓글이 사라지게 할 수도 있고, 교사가 다시 체크하고 싶으면 학생에게 교사의 피드백으로 수정한 부분에 대댓글로 표시해 다음에 다시 피드백을 받도록 할 수 있다. 온라인으로 피드백하면 학생이 모든 과제를 마칠 때까지 기다리지 않고, 작성 중간중간에 교사가 개입할 수 있다. 학생들이 글을 쓰는 동안 교사는 한 명씩 불러 학생과 작업에 관한 대화를 나눈다. 한 사람당 2분 정도 이야기를 나누면 한 차시 안에 한 반 전체를 피드백할 수 있다. 3차시 정도 글을 쓴다고 하면 교사는 한 학생당 세 번 정도 피드백을 하게 된다.

단계를 정해 놓고 피드백을 주려는 경우, 학생들에게 자신의 이름을 적을 수 있는 붙임쪽지나 자석 카드를 지급하고 자신이 지금 어느 단계에 왔는지를 칠판에 붙여 놓도록 할 수 있다. 이를 통해 교사는 아직 피드백을 받지 않은 사람이 누구인지 확인하고, 학생은 자신의 작업 속도를 스스로 조절한다. 이런 방식의 대면 피드백은 학생이 교사와의 대화를 어떻게 받아들였는지, 얼마나 이해했는지 확인하게끔 한다. 또한 기록으로도 남아 다음 피드백에 참고할 수 있다. 학생들과 눈을 마주치며 대화할 때 얻는 관계 형성은 덤이다.

그렇다면 피드백을 위한 대화는 어떻게 해야 할까? 교사가 일방적으로 전달하면 학생들은 자기 머리로 사고하기 어렵다. 교사에게는 쉽지 않은 일이지만 학생들이 스스로 자신의 결과물에 관해 고민할 수 있도록 하려면 학생에게 질문을 해야 한다. "네가 쓴 글 중에 가장 마음에 드는 부분은 뭐니?" "어느 부분을 쓸 때 어려웠니?" "왜 그 부분이 마음에 들지 않지?" "어떻게 고쳐 보면 좋을까?"와 같은 질문을 던진다. 맞춤법을 고쳐 주고 싶을 때도 "이 문단에는 맞춤법이 틀린 곳이 한 군데 있어. 찾아서 고쳐 볼래?"라고 말하며 학생 스스로 생각하면서 점검할 수 있도록 한다.

다음은 한 학생이 개요를 짠 후, 어떻게 시작해야 할지 몰라 도움을 요청하는 사례이다. 이 경우 실제 무엇을 쓰라고 지시하기보다 생각을 꺼낼 수 있는 방법을 알려 줘야 한다.

ㅇㅇ: 쌤, 생각이 안 나요.
교사: 어려우면 중간부터 써도 돼.
ㅇㅇ: 그래도 모르겠어요.
교사: 그러면 책을 다시 들여다볼까? 책을 뒤적거리면 힌트가 있을지도 몰라.
ㅇㅇ: 중간1에 뭐 써요?
교사: 지난 시간에 나눠 준 학습지를 한번 볼래? 거기에 설명이 있어.

그다음엔 서평을 쓴 학생과 대화를 나누면서 학생의 글 중에 무엇을 이야기하고자 하는지 명확하지 않은 부분을 찾았다.

교사: (커서로 블록 잡으며) ㅇㅇ아, 나한테 이걸 말로 설명해 줄래?
ㅇㅇ: 뭘요?
교사: 책 제목은 1인칭 주인공 시점인데 책 내용은 어떻다는 거야?
ㅇㅇ: 전지적 작가 시점이요.
교사: 그래서? 결국 네가 하고 싶은 말은 뭔데?
ㅇㅇ: 책 내용이랑 잘 어울린다.
교사: 전지적 작가 시점이지만 1인칭으로 쓴 제목이 괜찮다? 그리고?
ㅇㅇ: 1인칭 제목으로 쓴 것처럼 내용을 통해서도 주인공의 마음을 잘 알 수 있다.
교사: 나한테 설명한 것처럼 조금만 더 풀어서 써 줄래? 이것만 봐서는 모르겠어.
ㅇㅇ: 그 얘기만 더 쓰면 돼요?
교사: 왜? 뭔가 부족해 보여? 뭘 더 넣을 수 있을까?
ㅇㅇ: 어느 장면에 나오는지 설명을 보탤까요?
교사: 그래, 그게 좋겠네. 거기 댓글에 네가 적어 볼래?

교사가 어떻게 고치라고 직접적으로 제시할 수도 있겠지만 학생이 스스로 생각할 수 있게 계속 질문을 하는 것이 좋다.

질문이 아니더라도 교사는 다음과 같은 어휘를 통해 학생들의 동기를 자극해 줘야 한다. 예를 들어, 부정적인 말 대신 '아직'이라는 말을 사용한다(네 그림은 아직 형태가 명확하지 않구나). '그러나' '하지만' 대신 '그리고'를 사용한다(너의 수필은 비판적이야. 그리고 X와 Y의 관계에 대한 설명이 더 분명하면 좋겠어). '만약 ~라면 어떨지 상상해 볼까?'(만약 네가 이걸 성공적으로 끝낸다면 어때 보일지 상상해 볼까?)나 '알아보다'(만약에 이 과제물이 훌륭하다면 너는 무얼 보고 그걸 알아볼 수 있을까?)라는 용어를 사용한다.

피드백할 때 교사가 해야 할 말을 정리해 놓은 것이 피드백의 'R.I.S.E 모델'이다.

R은 'Reflect'의 줄임말로 학생의 결과물을 되돌아보면서 그것이 어떤지 밝히는 부분이다. 피드백을 주는 사람의 느낀 점이나 인상 깊었던 부분을 이야기한다.

I는 'Inquire'로 잘 이해되지 않거나 궁금한 점에 대해 질문하여 상대방의 의도를 파악하는 부분이다.

S는 'Suggest'로 현 수행에서 개선을 위한 아이디어를 제안하는 부분이다.

E는 'Elevate'로 다음 수행에서 더 높은 수준과 목적을 지향하도록 함께 논의하며 발전시키는 부분이다.

서면 피드백이든 구두 피드백이든 대상이나 상황, 목적에 따라 교사가 효과적이라 생각하는 것을 선택하면 된다. 어떤 내용으로 어떤 피드백을 줄 것인지는 어디까지나 교사의 전문적인 판단에 맡겨야 한다.

시기

언제 피드백을 주는 것이 좋을까? 정기적인 피드백이 효과적일까, 아니면 즉각적인 피드백이 효과적일까?

발레리 슈트에 따르면 효과적인 피드백의 시기와 빈도에 대한 증거는 명확하지 않다고 한다. 즉각적인 피드백은 초반에 오개념 형성을 막을 수 있기 때문에 효과적일 수 있고, 지연된 피드백은 과제에 완전히 몰입하도록 할 수 있어 유익한 면도 있다. 정답을 바로 알려 주지 않음으로써 학습자는 정답을 기다리는 동안 자신의 답을 스스로 점검하고 고민하게 되는데, 이 과정이 장기 기억을 강화한다. 하지만 너무 늦게 피드백을 주면 학생이 과제의 내용을 잊게 되기 때문에 효과가 떨어진다. 이러한 내용을 살피면, 효과적인 피드백은 시기가 정해져 있는 것이 아니므로 교사의 전문적인 판단이 매우 중요하다는 것을 알 수 있다.

지금까지 효과적인 교사 피드백을 내용, 대상, 방법, 시기로 나누어 살펴보았다. 피드백은 학생이 그것을 받아들이고 실제로 과제를 수정할 수 있을 때 비로소 의미 있는 성장으로 이어진다. 이를 위해 교사는 학생의 상태와 상황에 맞게 피드백을 유연하게 구사해야 하며, 학생이 피드백을 바탕으로 스스로 생각하고 과제를 고칠 수 있도록 충분한 시간을 주어야 한다. 상호작용적이고 형성적인 피드백이 되도록 노력해 보자.

❷ 피드백 리터러시 기르기

교사가 피드백을 주어도 학생들이 그 피드백을 이용하는 방법을 알지 못하면 이를 적용할 수 없다. 피드백은 학습에 대한 정보 전달을 넘어 대화의 과정으로 간주되곤 한다. 데이비드 칼레스와 데이비드 보드에 따르면 피드백은 '학습자가 다양한 출처의 정보를 이해하고 이를 활용하여 자신의 학습 활동이나 학습 전략을 개선하는 과정'이다. 즉 학생에게 개선 방법을 알려 주는 교사의 역할보다는 정보를 이해하고 이를 바탕으로 개선하는 학생의 역할을 강조하는 관점이다.

피드백은 '행동→결과 확인→배움/조정→다시 행동'으로 이어지는 순환 과정이다. 여기에서 '결과 확인'은 학생의 수준을 확인하는 형성평가이고 '배움/조정'은 교사와 또래, 스스로의 피드백을 통해 무엇을 조정해야 하는지 배우는 과정이다. 이는 다시 수정된 행동으로 이어진다. 이 과정이 몇 번 반복되면 총괄평가로 나아간다.

이러한 순환의 '배움/조정' 단계에서는 학생들에게 효과적으로 피드백을 이용하기 위한 역량이 필요한데, 박민애와 손원숙은 이를 '피드백 리터러시'라고 보았다. 피드백

리터러시란 피드백에 대한 긍정적인 인지, 정서, 행동적 태도를 바탕으로 학습과 관련한 다양한 피드백을 이해할 수 있으며, 학습 향상을 위하여 이를 활용하고 스스로 피드백을 생산할 수 있는 능력을 말한다. 칼레스와 보드는 이러한 피드백 리터러시의 특징을 '피드백의 중요성 이해하기' '판단하기' '정서적 영향 관리하기' '행동하기'로 설명한다.

'피드백의 중요성 이해하기'는 학생들이 피드백의 가치를 인식하고 그 과정에서 자신들의 능동적인 역할을 이해하는 것을 말한다. 학생들은 구두 피드백을 피드백으로 인식하지 못하는 경우가 많고, 명확하게 정답을 알려 주는 피드백을 선호하는 경향이 있다. 그러므로 피드백이 교사의 일방적인 지시 사항이 아니라, 학생이 자신의 학습에서 주도권을 갖고 목표를 달성하기 위해 얻는 정보로 인식할 수 있도록 교사가 이러한 내용을 명시적으로 언급해야 한다.

'판단하기'는 과제를 수행하는 과정에서 학생이 자신의 상황을 검토하여 수행하는 작업의 질에 대해 지속적으로 판단해야 함을 뜻한다. 실제 피드백을 통해 질을 끌어올리기 위해서는 교사가 일방적으로 지시하기보다 학생 스스로 피드백의 필요성을 느끼는 것이 중요하다. 말을 물가로 데려갈 수는 있으나 물을 억지로 마시게 할 수는 없는 것과 마찬가지이다. 학생들이 목표와 지금 상태의 간극을 파악하고 나아가야 할 방향을 판단하도록 돕기 위해서는 예시 작품과 루브릭을 비교하고, 자신의 수행과 루브릭을 비교하는 활동 등 기준을 갖고 살펴볼 수 있는 기회를 마련해야 한다.

'정서적 영향 관리하기'는 피드백을 받을 때 학생들이 감정을 다룰 수 있도록 돕는 것을 뜻한다. 학생들은 비판적인 피드백을 받거나 결과의 질이 좋지 않을 때 방어적인 반응을 보이는 경우가 많다. 그러므로 피드백을 받아들일 때의 태도, 피드백을 전달하는 어조 둘 다 신경 써서 가르쳐야 한다. 교실 환경 자체를 안전하고 신뢰할 수 있는 분위기로 만드는 것도 중요하다.

'행동하기'는 피드백으로 받은 조언에 따라 자신의 결과물을 수정하는 것을 말한다. 학생들은 피드백의 정보를 이해하고, 이를 활용하는 데 적극적으로 참여하면서 피드백 루프를 완성해야 한다. 학생들은 자기 결과물의 문제점을 파악하고 있지만 그것을 수정하는 데 어려움을 겪는 경우가 많다. 이럴 때 교사가 질문을 통해 더 촘촘하게 비계를 놓아 줘야 한다.

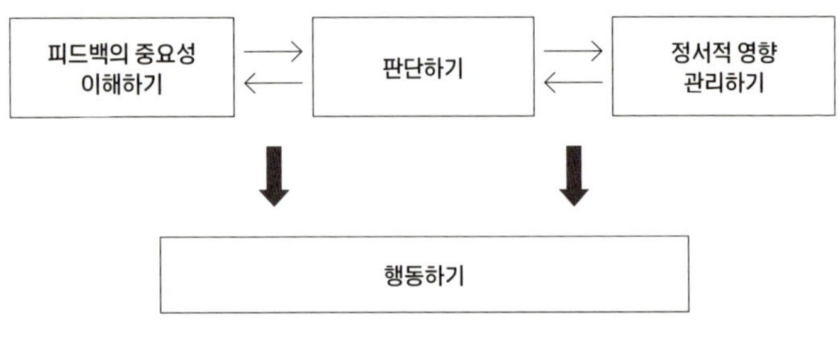

학생들의 피드백 활용 능력을 향상시키는 좋은 방법은 이후 3장에 제시할 '또래 피드백'과 5장에서 구체적으로 보여 줄 루브릭을 이용한 사례 분석이다. 모범 사례 분석뿐만 아니라 루브릭을 이용하여 학생들이 여러 수준의 결과물을 직접 채점해 봄으로써 질적으로 우수한 결과물의 특성을 확실하게 이해할 수 있다.

3

효과적인 또래 피드백

교사가 전문적인 식견으로 모든 학생의 학습 상황을 살펴 일대일로 피드백을 주면 좋겠지만 매번 그렇게 하기란 현실적으로 불가능하다. 학생들 개개인이 목표 지점을 파악하고, 그에 도달하기 위해 자신이 무엇을 해야 할지 안다면 좋겠지만 이는 쉽지 않은 일이다. 이러한 잣대가 학생 스스로에게 생기기까지는 훈련이 필요하다.

교사가 피드백에 들이는 시간을 줄이면서 학생들이 스스로 피드백하는 능력을 기르는 방법으로 가장 좋은 것이 또래 피드백이다. 학생들은 메타인지를 쓰면서 자신의 학습을 조절하는 법을 배우고, 친구들과 함께 작업을 하면서 협력적인 의사소통 능력을 길러 나간다.

피드백은 받는 사람보다 주는 사람에게 더 큰 공부가 되기도 한다. 타인의 결과물을 분석하고 논리적으로 설명하는 과정에서 지식이 정리되고, 객관적으로 상황을 바라보는 메타인지 능력이 향상된다. 또한 비판적인 의견을 기분 나쁘지 않게 전달하는 방법을 익히고, 상대의 의견을 경청하고 조율하는 과정을 통해 현대사회의 핵심역량인 소통 능력을 자연스럽게 기를 수 있다.

❶ 명시적으로 가르치기

교사의 피드백은 때로 평가처럼 느껴져 학생들을 긴장시킬 수 있다. 이때 비슷한 위치의 또래에게 피드백을 받는다면 상대적으로 비판을 수용하기 쉽고, 궁금한 점을 가감 없이 질문하는 편안한 분위기를 형성할 수 있다. 또한 교사는 초보자가 어디에서 막히는지 가끔 잊기도 한다. 하지만 또래는 현재 겪는 어려움을 공유하고 있기 때문에 훨씬 더 이해하기 쉬운 언어와 논리로 조언할 수 있다.

또래 피드백은 수업의 한 단계로 설계되어야 한다. 총괄평가의 일환으로 또래 피드백을 하게 되면, 즉 또래 피드백 결과를 점수에 반영하게 되면 학생들의 개인적인 호불호를 배제하기가 어려워 진정한 효과를 거둘 수 없다. 또래 피드백을 하는 이유에 관해 함께 논의하고 안전하고 협력적인 교실 문화가 바탕이 되어야 형식적인 점수 매기기를 넘어설 수 있다. 이를 위해서는 또래 피드백이 수업의 과정으로 이루어져야 한다. 친구의 성장을 도우면서 나 스스로도 학습 성공에 대한 감을 갖는 기회가 되기 때문이다.

또래 피드백의 장점은 평가 요소를 내면화하여 목표를 다시금 명확히 인식하고, 과제의 질을 높일 수 있다는 점이다. 따라서 교사는 학생들로 하여금 친구들의 피드백 중에 나에게 도움이 되는 것은 무엇이고, 그 피드백을 어떻게 활용하면 좋을지 계획을 세우도록 한다.

먼저 또래 피드백을 왜 하는지, 하면 무엇이 좋은지 학생들과 논의해 볼 수 있다. 질문을 던지고 학생들의 답을 공유하면서 또래 피드백하기 전 분위기를 조성한다. 그리고 피드백하는 방법을 단계별로 명시적으로 설명하고, '생각말하기(think aloud)' 방식을 이용하여 시범을 보인다.

친구들의 피드백을 어떻게 받아들여야 할지에 대해서도 교육한다. 아무리 돌려 이야기하거나 질문으로만 이야기하도록 해도 친구들의 피드백은 때로 상처가 된다. 친구의 말이 나의 성장에 도움이 된다는 것, 모든 피드백을 다 수용할 필요는 없다는 것을 상기시킨다. 자신이 했던 피드백 중에 마음에 들었던 내용, 친구들의 피드백 중에 받아들일 만한 내용을 정리해 보도록 하면 스스로의 피드백을 돌아볼 수 있다.

❷ 친구와 함께하는 전략 세우기

수행 과제를 할 때 수업을 듣는 모든 학생의 목표가 무엇인지, 어떤 모습을 보여야 목표에 도달했다고 볼 수 있는지에 관한 상을 가지고 있어야 한다. 이를 위해 루브릭으로 목표와 자신의 상태를 살피고 그곳을 향해 가려면 무엇을 해야 하는지 확인해 보면 좋다. 루브릭을 뜯어 읽고 궁금한 질문을 제기하면서 목표와 방향성을 확인하는 단계를 거쳤다면 목표에 도달하기 위해 무엇을 할 수 있는지 친구들과 함께 논의해 볼 수 있다.

단원이나 수행을 시작하기 전에 먼저 루브릭을 보면서 지금의 자기 수준이라고 생각하는 부분에 표시하도록 한다. 학생들에게 '도달'이 요구하는 수준을 안내하면서 지금은 모두 이 성취기준을 배우지 않았기 때문에 아예 루브릭 바깥에서 시작하지만, 차근차근 수업을 따라가다 보면 모두 '도달'에 이를 수 있다고 이야기한다. 학생들은 루브릭 평가 요소에 맞게 현재 수준을 표시하면서 자신에게 부족한 부분이 무엇인지 점검한다.

학습지에 자신 없는 평가 요소와 그렇게 생각하는 이유를 적은 후 동료들과 더 잘하기 위한 전략을 세운다. 첫 번째 학생부터 자신이 자신 없다고 여기는 평가 요소를 말한다. "나는 ~평가 요소가 자신이 없어. 왜냐하면 ~하기 때문이야." 그러면 다른 모둠원들은 루브릭을 꼼꼼히 들여다보면서 A단계에 제시된 용어를 최대한 이용하여 한 명씩 조언을 한다. 첫 번째 학생이 조언을 하면 발표한 학생은 학습지에 그 내용을 요약해서 적는다. 두 번째 학생은 첫 번째 학생이 말한 것과 다른 조언을 한다. 내용이 같더라도 용어를 다르게 바꿔야 한다. 친구들의 조언을 다 들었으면 그것을 종합하여 나만의 전략을 세운다. 단원이 모두 끝났을 때 자신이 세운 전략을 얼마나 실천했는지, 효과가 있었는지 돌아본다.

다음은 전략 세우기를 하는 학생들의 대화를 전사한 것이다.

○○: 난 고쳐 쓰는 부분이 자신 없어. 내 글을 보면 이상한 거 같긴 한데 막상 어떻게 고쳐야 할지 모르겠어.
△△: 처음 쓴 걸 기준으로 고쳐 쓰면 안 되지.
○○: 속담 같은 걸 넣을 수는 있을 거 같은데 자연스럽지는 못할 거 같아. 자신이 없어.
□□: 왜 자신이 없는데?
○○: 표현이…….
□□: 표현이 왜?
△△: 표현이 많이 되어 있는 책을 읽으면 되지 않을까?
□□: 친구들 발표에서 이건 재미있는 표현이다, 싶은 걸 참고해 봐.

△△: 난 다양한 표현을 활용하면서 글 쓰는 걸 못할 거 같아. 여러 속담 표현 등을 적당하게 넣는 게 어려워.
□□: 시집 같은 걸 읽으면 어때?
○○: 평소에 글쓰기를 좀 많이 해 봐. 인스타 감성 글 같은 걸 찾아보면 어때?
□□: 나는 글을 써 본 적이 별로 없고 많이 안 읽어서 고쳐쓰기가 힘들 거 같아. 어떻게 고쳐야 할까?
○○: 글을 많이 쓰고 많이 읽어 봐.
□□: 그래.
○○:또, 글을 잘 쓰는 친구의 글을 참고하면 좋을 거 같아. 주변에 잘 쓰는 친구 걸 참고해.

때로는 친구들의 조언이 유용하지 않더라도 학생들은 이 대화를 통해 루브릭을 다시 들여다보며 평가 기준을 명확하게 인지하고, 어떻게 도달하면 좋을지 궁리해 나간다. 대화를 나누며 전략에 대한 사고를 정교화할 수도 있다.

❸ 또래 피드백의 방법

또래 피드백을 할 때는 친구가 만든 결과물의 질을 판단할 수 있는 기준이 있어야 한다. 결과물을 처음부터 끝까지 낱낱이 해부하여 피드백의 대상으로 삼는 것은 적절하지 않다. 그러기에 먼저 친구의 결과물에서 무엇을 봐야 하는지를 알려 주는 지도, 즉 루브릭이 있어야 한다. 성취기준에 기반한 루브릭을 먼저 함께 보고 다양한 수준의 예시 작품을 직접 채점하면서 학급 구성원 간 눈높이를 맞추는 작업을 선행해야 한다. 그렇게 되면 학생들은 친구의 결과물에서 어떤 점이 기준에 도달했고, 어떤 점이 그렇지 못한지를 판단할 수 있는 눈이 생긴다.

서면 피드백의 경우, 짝이나 모둠끼리 과제물에 직접 써서 피드백하게 할 수도 있고, 피드백 용지를 따로 제공할 수도 있다. 아직 학생들이 평가 요소를 완전히 내면화하지 못했다는 판단이 들 때에는 두 명씩 짝을 지어 의논한 내용을 다른 두 명의 과제물에 작성한다. 이때 조금 더 많이 알거나 적극적인 학생 혼자 독주하지 않도록 반드시 논의한 내용에 관해 적고 과제물 두 개를 하나씩 나누어 적게 한다.

발표나 농구공 던지기, 악기 연주와 같은 활동을 학생들이 연습하는 동안 교사가 한 명씩 돌아보며 피드백을 줄 수도 있지만 그렇게 하기 어려운 경우 또래 피드백을 이용하면 좋다. 먼저 학생들이 루브릭의 평가 요소를 확실하게 인식하게 한다. 그다음 짝을 지어 짝이 발표하는 것에 대해 루브릭에 표시하고 그것을 근거로 피드백을 주도록 한다. 짝과 충분히 연습했다면 모둠을 만들어 또래 피드백을 한다. 실제 발표하듯 한 명이 자리에서 일어나 이야기하면 다른 친구들은 평가 요소를 하나씩 맡아 루브릭에 표시하고, 그것을 중심으로 피드백한다. 루브릭이라는 기준이 있기 때문에 수행의 핵심적인 요소를 중심으로 피드백할 수 있다. 이 과정이 끝나면 피드백을 받아들여 어떻게 자신의 과제나 수행을 바꿔 볼 것인지 계획을 세운다.

또래 피드백을 구두로 할 수도 있다. 자신이 짠 개요가 괜찮은지 친구들에게 이야기를 해 주고 친구들로부터 질문을 받는 것이다. 이때 친구의 개요를 들으며 궁금한 점을 미리 적어 놓는다. 친구들이 자신의 개요에 관해 질문을 하면 그 또한 적어 놓는다. 누가 어떤 이야기를 했는지 이름을 밝히고 적도록 하면 학생들은 더 책임감 있게 이 활동에 임한다.

글을 쓸 때는 머릿속 내용을 표현하는 데 집중하다 보니, 정작 독자를 충분히 고려하지 못해 논리 구조가 듬성듬성

해지는 경우가 많다. 특히 자신이 경험한 일이나 읽은 책에 관한 서평을 쓰는 경우 독자가 배경 지식이 없다는 것을 잊곤 한다. 이럴 때는 최종적으로 과제를 완성하기 전에 서로 다른 책을 읽은 학생들끼리 모둠을 만들어 자신의 글을 다른 친구들에게 읽어 주도록 한다. 친구들은 경청한 후 그 내용에 대해 잘 이해가 되지 않거나 궁금한 것들을 한두 개 정도 질문한다. 발표한 학생은 친구들의 이야기를 듣고 자신이 보충해야 할 부분을 인지하게 된다. 큰소리로 읽으면서 스스로 어색한 문장을 찾아내는 건 덤이다.

또래 피드백을 할 때 '동료'의 대상을 넓혀 볼 수도 있다. 자신이 쓴 글에 필명을 붙인 뒤 다른 반 친구들이 읽고 서면 피드백을 달도록 하거나 온라인으로 작업하여 공유 문서에 다른 반 친구들이 피드백을 하도록 하면, 독자가 확장되는 데서 오는 긴장감에 학생들은 작품의 완성도를 높이려고 노력한다. 같은 학년뿐만 아니라 선배나 후배들에게 공유할 수도 있다. 평가 요소를 명확하게 공유하지 않고 대상을 넓히기 때문에 초점에서 벗어난 피드백을 줄 수도 있지만, 선후배에게 공개한다는 것이 동기부여가 되어 자신의 글을 계속 수정하려는 모습을 보인다.

또래 피드백의 방법으로 가장 유명한 것은 'TAG 피드백'과 '피드백 사다리'이다.

TAG 피드백은 세 가지 요소의 줄임말이다. TAG의 T는 'Tell me something you like'의 앞 글자로, 친구 결과물에서 좋았던 점을 먼저 말하는 부분이다. A는 'Ask a question'으로, 친구의 결과물에 관해 궁금한 점을 질문하는 단계이다. G는 'Give a positive suggestion'으로, 결과물에 대한 긍정적인 제안을 하는 부분이다. 피드백을 할 때는 'T-A-G'의 순서를 따른다. TAG를 사용하면 친구들이 노력한 결과에 관해 단점을 드러내기보다 긍정적인 이야기로 시작하여 제안으로 마무리되기 때문에 피드백에 대한 거부감이 줄어든다. 간단한 방법이어서 누구나 쉽게 배우고 사용할 수 있다.

피드백 사다리는 4단계로 이루어진다.

1단계는 내용을 명확하게 이해하는 '명료화(Clarify)' 단계이다. 성급한 판단이나 오해를 막으며 궁금한 점을 질문하면서 명확하게 이해하도록 한다.

2단계는 긍정적인 부분과 강점을 먼저 찾는 '가치 부여(Value)' 단계이다. 결과물에서 긍정적인 부분, 마음에 드는 부분을 구체적으로 짚어 주면서 받는 사람이 마음을 열 수 있게 한다.

3단계는 '우려하는 점 표현(State Concerns)' 단계이다. 개선이 필요한 부분에 관해 말을 하지만 단정적인 말 대신 우려나 질문의 형태로 부드럽게 표현한다. 함께 고민해 보면 좋겠다는 의미로 가닿을 수 있어야 한다.

4단계는 구체적인 개선점을 제안하는 '제안(Suggest)' 단계이다. 문제 해결에 도움이 되도록 건설적인 대안을 제시한다. 이렇게 하라는 명령이 아니라 상대방이 고려하여 선택할 수 있는 제안을 제공하는 방식이다.

피드백 사다리는 피드백할 때 상대방의 노력과 강점을 이해하고 공감한 후에 구체적이고 부드럽게 우려하는 점과 대안을 제시해야 하기 때문에 어느 정도의 연습이 필요하다. 여러 번 반복하다 보면 학생들은 이를 자연스럽게 사고루틴으로 사용하고, 배려하는 학급 분위기와 함께 학습하는 공동체로서의 문화를 형성해 나간다.

4

피드백의 종착점, 자기 피드백

"선생님, 걱정 마세요. 저 잘할 수 있어요!"라고 말은 했는데 실제 수행한 것을 보니 그렇지 못한 학생을 만난 적이 있을 것이다. 혹은 "선생님, 저는 이번 고사에서 한문 시험은 한 개 정도 틀릴 것 같아요"라고 했는데 진짜 딱 한 개만 틀리는 학생을 본 적이 있을지도 모른다. 왜 학생들 사이에 이런 차이가 존재하는 걸까? 그렇다. 자기 자신에 관해 얼마나 잘 알고 있는지, 메타인지를 얼마나 잘 쓰는지 여부 때문이다.

메타인지는 자신의 사고를 효과적으로 계획하고 조절하는 일, 전개되는 사고 과정을 능동적으로 모니터링하고 규제하는 일, 사후에 자신의 사고를 성찰하는 일이다. 로나 얼은 이를 평가와 연결 지어 '학습으로서 평가'라는 용어를 만들었다(1장 참조). 이를 서문에 제시한 딜런 윌리엄의 형성평가와 피드백 전략으로 바꾸면 학습자가 스스로 학습의 주인이 되도록 활성화한다. 즉, 자기 피드백이 된다.

❶ 학습으로서 평가, 무엇일까?

2022 교육과정에서는 '깊이 있는 학습'을 이루기 위해서는 '삶과 연계한 학습' '교과 간 연계와 통합' '학습 과정에 대한 성찰'이 필요하다고 보았다. '삶과 연계한 학습'은 학습 내용을 실생활 맥락 속에서 이해하고 적용하는 기회를 제공함으로써 학습이 학생의 삶에 의미 있는 학습 경험이 되도록 하는 것이고, '교과 간 연계와 통합'은 교과 내 영역 간 혹은 교과 간 내용 연계성을 고려하여 수업을 설계하여 학생이 융합적으로 사고하고 창의적으로 문제를 해결하는 능력을 함양하는 것이며, '학습 과정에 대한 성찰'은 학생 스스로 자신의 학습 과정과 학습 전략을 점검하며 개선하는 기회를 제공하는 것이라 하였다. 이번 장에서는 셋 중에서 '학습 과정에 대한 성찰', 자기 피드백에 관한 이야기를 해 보겠다.

로나 얼은 평가를 세 가지로 나누었다. 먼저 총괄평가를 의미하는 '학습에 관한 평가(Assessment of learning)'가 있다. 그리고 형성평가를 두 가지로 나눈, 평가의 주체가 누구냐에 따라 교사가 학생을 평가하는 '학습을 위한 평가(Assessment for learning)'와 학생 스스로 자신을 평가하는

'학습으로서 평가(Assessment as learning)'가 있다. 학습으로서 평가는 학생이 자신의 학습을 성찰하고 조절하는 주체가 되는 평가인데, 학습을 위한 평가가 주로 교사가 피드백을 통해 학생이 '무엇을' 더 배워야 하는지 알려 주는 것이라면 학습으로서 평가는 학생 스스로 '어떻게' 자신의 학습을 조절하는지를 배우는 것이라 할 수 있다. 학생이 스스로 무엇을 배우고 있으며 어떻게 배우고 있는지를 파악하고 조절하는 메타인지의 활용이 핵심이다. 평가 과정을 통해 그 자체가 학생에게 학습 경험이 되도록 하는 것을 말한다.

학습에 관한 평가가 물고기를 몇 마리 잡았는지 확인하는 것이라면, 학습을 위한 평가는 물고기 잡는 방법을 시범을 보이면서 가르쳐 주는 것이라 할 수 있다. 학습으로서 평가는 학생 스스로 물고기 잡는 방법을 익힐 수 있도록 판을 깔아 주고, 학생이 스스로 물고기 잡는 방법을 개선하는 과정에 초점을 두는 것이라 할 수 있다. 로나 얼은 지금까지는 학습에 대한 평가에 많은 비중을 두었다면 앞으로는 학습으로서 평가에 더 많은 관심을 두어야 한다고 했다.

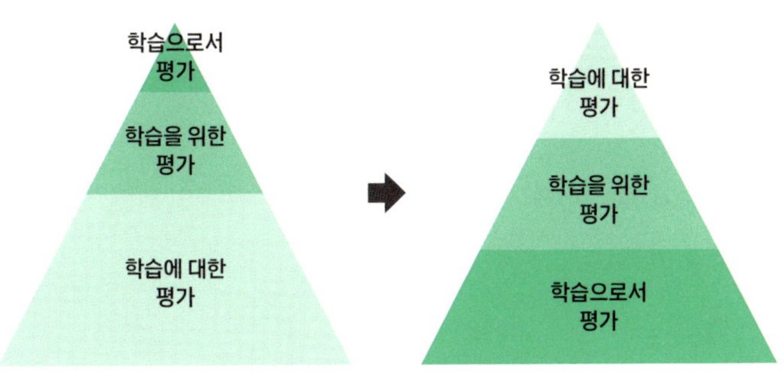

'학습으로서 평가'의 중요성

❷ 자기 피드백, 왜 중요할까?

OECD 2030 학습나침반에서 제시한 프레임워크 그림은 매우 유명하다.

여기에서 학생은 변혁적 역량이라는 나침반을 들고 웰빙 2030이라는 목표를 향해 걸어간다. 목표를 향해 갈 때 동료, 교사, 공동체 등 주변 사람들의 도움 비중도 크지만, 무

엇보다 학생 스스로 자기주도성을 갖는 것이 중요하다. 이에 '학생 주체성' '학생 주도성' '학습자 주도성'이라고도 하는 개념이 부각되었다.

학생들은 기본적인 공교육 기간이 끝난 이후에도 학교에서 배운 것들을 바탕으로 평생 학습을 하며 살아가게 된다. 학교를 떠난 후에는 맞닥뜨린 문제에 대한 비계를 놓아주거나 피드백을 제시해 주는 교사를 만나기 어렵다. 스스로가 학습 목표를 설정하고, 현재 상황을 점검하고 부족한 부분을 채워 나가며 평생 학습의 주인, 자기 삶의 주인으로 살아가야 한다. 그러므로 학생들은 학교에 있을 때 학습으로서 평가, 자기 피드백을 통해 혼자서 할 수 있는 능력을 길러야 한다. 학교를 떠나서 만나게 될 다양한 문제를 스스로 해결해 나가야 하기 때문이다. 학습으로서 평가는 자기주도적인 평생 학습자를 기르는 데 도움을 준다.

또한 학습으로서 평가는 교사는 가르치고 학생은 배운다는 패러다임을 근본적으로 뒤흔든다. 학습으로서 평가를 하려면 학생은 수동적인 지식 수용자에서 능동적인 학습의 주체가 되어야 한다. 학습에 대한 평가나 학습을 위한 평가에서 평가의 주체는 '교사'이다. 그러나 학습으로서 평가에서 평가의 주체는 '학생 자신'이다. 학생은 루브릭(평가 기준)을 해석하고, 자신의 수행을 비판적으로 검토하며(성찰), 다음 학습 계획을 세운다. 이 과정에서 학생은 수동적인 학습자가 아닌, 자신의 학습에 대한 '주도성'과 '책임감'을 갖는다.

『교실평가의 원리와 실제』의 저자 제임스 H. 맥밀란은 학생이 자기 평가 절차에 대해 직접 지도를 받는다면 높은 성취를 이룰 수 있고, 학생들의 내적인 통제감, 인내, 끈기를 강화하고 결과를 노력에 돌리는 귀인, 즉 성장 마인드셋도 키울 수 있다고 보았다. 그렇다면 수업 시간에 자기 평가와 피드백을, 메타인지와 성찰을 가르치는 것은 어떻게 가능할까.

❸ 자기 피드백을 루틴으로 만들기

교사라면 누구나 성적을 내기 때문에 학습에 대한 평가인 총괄평가를 해야만 한다. 또한 수업을 하면서 학생을 관찰하기 때문에 학습을 위한 평가인 형성평가도 하게 된다. 하지만 메타인지를 써야 하는 학습으로서 평가 같은 경우 꼭 해야만 하는 강제성이 없고, 하면 좋지만 안 해도 그만이라고 생각하기 쉽다.

하지만 많은 연구 결과가 메타인지를 명시적으로 가르쳤을 때 학업 성취도나 메타인지 활용 능력이 올라간다는 걸 보여 주고 있다. 가르쳐야 할 내용이 많다는 이유로 메타인지를 가르치지 않을 경우, 원래부터 메타인지를 잘 사용하는 학생은 계속 잘 사용할 것이고, 그렇지 않은 학생은 메타인지 사용법을 배울 기회를 갖지 못한다. 사회경제적인 배경이 좋은 학생의 경우 가정에서 어렸을 때부터 메타인지를 사용하는 방법을 일상에서 배울 수 있지만 그렇지 않은 경우 학교에서나 배울 수 있다. 사회경제적인 차이를 교육이 보정해 줄 수 있기 때문에 교사라면 적극적으로 학습으로서 평가를 통해 메타인지를 가르쳐야 한다.

물론 진도를 나가기에도 시간이 빠듯하다고 생각할 수도

있다. 이럴 때 활용할 수 있는 방법이 있다. 학습으로서 평가를 수업의 루틴으로 만드는 것이다. 교사들은 보통 수업에 루틴이 있다. 나는 수업 시작과 끝에 '목표 적기-배/느/궁(배우고 느끼고 궁금한 것) 쓰기'라는 루틴을 사용한다. 수업 시작할 때 칠판에 목표를 적어 놓는다(요즘에는 목표를 적기보다 일반화를 이끌어 낼 수 있는 질문을 적어 놓는 것이 추세이긴 하다). 칠판에 적는 목표는 '(　　)을/를 위해 (　　)할 것이다'의 구조로 되어 있다. 만약 올바른 표기법을 배우는 시간이라면 학생들은 무엇을 위해 올바른 표기법을 배울 것인지 스스로 생각해서 적는다. 한 학생이 "유명한 연예인에게 팬레터를 제대로 쓰기 위해 올바른 표기법을 배울 것"이라고 자신만의 이유를 적어 칭찬을 해 준 일이 있었다. 삶과 연계된 학습은 멀리 있는 것이 아니다. 그리고 마지막 '(　　)할 것이다' 부분에는 수업에서 자신이 활용해 볼 전략, 방법, 혹은 자세나 태도 같은 것을 적도록 한다. 막연하게 '열심히 하겠다' '선생님의 이야기를 잘 듣겠다'가 아니라 그것을 어떤 방식으로 할지 구체적으로 적어야 한다. 소요 시간은 대략 5분 정도이다.

수업 종료 5분 전에는 '배/느/궁'을 적어 본다. '배운 점'은 새롭게 알게 된 점도 좋지만 자신이 썼던 목표를 살펴보면서 그것에 얼마나 도달했는지 판단하여 쓴다. '느낀 점'

은 감정 단어를 주고(학습지를 나눠 주거나, 화면에 띄우거나, 칠판에 붙여 놓는다) 그중 두 개를 고른 후, 왜 그런 감정이 들었는지 쓴다. 마지막으로 '궁금한 점'은 일반적인 궁금한 점도 좋지만, 수업이 끝난 후 남는 의문, 특히나 확실하게 잘 모르겠다는 부분을 쓴다. 이 과정에서 학생들은 자신이 무엇을 알고 무엇을 모르는지 생각해야 한다.

배움 진행표 쓰는 방법

- 배운 점: 수업 내용과 관련지어 그날 새롭게 알게 된 것, 목표를 어느 정도, 얼마나 달성했는지. 20자 이상
- 느낀 점: 수업을 하면서 느낌, 감정 20자 이상 (감정 단어 목록(학습지4)을 참고하세요. ~하다. 왜냐하면 ~ 때문이다)
- 궁금한 점: 수업과 관련지어 질문 만들기. 배웠지만 아직 완전하게 안다고 자신할 수 없는 부분에 대한 궁금증. 20자 이상

배움 진행표 안내 슬라이드

'배/느/궁'을 적는 데 대략 5분 정도가 걸린다. 수업에서 이렇게 10분을 제하면 진도 나가기가 빡빡해진다. 가끔 수업 시간이 5분 남았을 때 이것까지만 설명하면 깔끔하게 끝나는데, 하는 마음에 학생들에게 '배/느/궁' 쓸 시간을 주고 싶지 않을 때도 있다. 이때 루틴의 힘이 발휘된다. 습관이라는 무서워서 교사인 내가 그냥 지나치려고 해도 학생들이 먼저 "선생님, 배/느/궁 쓸 시간인데요?" 하며 이야기를 꺼내기 때문이다. 그러므로 수업을 시작할 때, 수업

이 끝날 때, 혹은 단원을 시작하거나 중간에, 마칠 때 루틴으로 학습으로서 평가를 가르쳐 보자. '목표 적기-배/느/궁 쓰기' 루틴은 합쳐서 10여 분이 걸린다.

스티븐 코비는 『소중한 것을 먼저 하라』라는 책에서 한 교수의 이야기를 들려준다. 교수는 유리 항아리에 커다란 돌멩이를 넣고 병이 다 찼는지를 묻는다. 학생들은 그렇다고 대답을 한다. 교수는 그 유리병에 추가로 작은 돌멩이를 넣고서는 다시 병이 다 찼는지 묻는다. 학생들은 그렇다고 대답한다. 이번에는 모래를 추가로 유리병에 넣고 다시금 병이 다 찼는지를 묻자 학생들은 또 그렇다고 대답한다. 마지막으로 교수는 유리병에 물을 채워 넣고 병이 다 찼는지 묻는다. 학생들은 당연히 또 그렇다고 대답한다. 그러면서 교수가 말을 잇는다. 만약 순서를 거꾸로 넣었다면 모두를 유리병 안에 담지 못했을 거라고. 인생에 있어서 중요한 것이 큰 돌멩이라면 그것을 먼저 해야만 유리병에 다른 것들도 담을 수 있지, 그 반대로 하면 중요한 것들을 담을 수 없게 된다고.

이 이야기는 메타인지, 학습으로서 평가를 수업 시간에 가르치는 것과도 관련이 있다. 중요하다고 생각하면 시간을 들여 가르쳐야 한다. 그렇지 않으면 비교적 덜 중요한 진도 나가기나 잔소리, 각종 안내 사항 등에 밀려 학생들에게 메타인지를 연습시킬 시간이 없어진다.

그렇다면 이제부터 루틴으로 단원 시작하기 전, 단원 중간, 단원이 끝날 때 할 수 있는 학습으로서 평가 전략을 살펴보자.

❹ 단원 시작 전 자기 피드백

단원을 시작할 때 핵심 개념이나 성취기준과 관련하여 궁금한 점을 질문하게 하거나, '3-2-1 다리'와 같은 사고 루틴을 이용할 수 있다.

3-2-1 다리는 주제에 대해 떠오르는 세 가지 단어, 주제와 관련하여 궁금한 두 가지 질문, 주제를 나타내는 한 가지 비유를 학습이 모두 끝난 후 다시 한번 반복하고 처음에 적었던 것과 나중에 적은 것을 비교하며 다리를 놓아 성찰하는 활동이다.

이와 유사한 것으로 'KWL 차트'를 사용할 수도 있다. 단원을 시작할 때 내용과 관련하여 '알고 있는 것(What I already Know)' '알고 싶은 것(What I Want to know)'을 적은 후, 단원이 끝났을 때 '새롭게 알게 된 것(What I Learned)'을 적는다.

핵심 개념: 표현, 의사소통
핵심 질문: 정확한 발음과 표기는 왜 필요할까?

내 질문	발음을 정확하게 하는 것의 장점은 무엇일까?
친구 질문	정확한 발음이 필요한 직업은 무엇이 있을까?

성취기준을 보며 질문 만들기

왜 단어를 정확하게 발음해야 하나요?
만약 단어를 정확하게 발음하거나 표기하지 않는다면 어떠한 일이 일어날까요?

단어를 정확하게 발음하고 표기하려면 어떠한 방법을 이용해야 하나요?
정확한 발음과 우리가 실생활에서 쓰는 발음 사이에 차이점이 있나요?
정확한 발음과 표기가 다르게 발음되는 이유는 무엇인가요?

단원에 관한 질문 공유하기

나는 단원을 시작할 때마다 '목표 세우기'라는 루틴을 진행한다. 이번에 나가야 할 단원의 주제나 과정을 대략 설명한 후 이런 수업은 왜 하는지, 하면 무엇이 좋은지, 어떤 의미가 있는지를 학생 스스로 적어 보도록 한다. 2분 정도 시간을 주고 50자 이상 적게 한 후 아무나 발표를 시킨다.[2] 그때 학생들은 친구들이 발표한 내용을 들으면서 정리를 한다. 그다음 질문은 이 단원이 나에게 어떤 의미가 있을지 나의 목표를 적어 본다. 단순히 단원의 주제가 의미 있다는 걸 넘어서 내가 이를 통해 무엇을 할 수 있을지 구체적으로 생각해 본다. 단원과 자기 자신을 연결해 보는 것이다. 배움이 느린 학생들의 경우 단원 전체의 의미나 목표가 너무

2) 자세한 내용은 『보니샘과 함께하는 자신만만 프로젝트 수업 10』(구본희, 우리학교, 2020) 참조.

거창해 보일 수 있다. 자신이 할 수 있는 수준보다 조금 높은 목표를 적는 것이 성장에 도움이 된다는 점을 설명하고, 단원이 끝난 뒤 스스로 그 목표에 얼마나 도달했는지 점검해 보자고 안내하면 학생들은 훨씬 진지하게 목표를 작성한다. 작성을 마치면 발표를 통해 다른 친구들의 생각을 알아보고 정리한다.

단원에서 알고, 할 수 있어야 하는 내용을 루브릭으로 만들어 진단·형성평가 용도로 사용할 수 있다. 총괄평가가 수행평가와 연결된 단원이라면 하나의 루브릭으로 진단·형성·총괄평가에 모두 이용 가능하다. 총괄평가 즈음에 루브릭을 나눠 주는 것이 아니라 단원을 시작할 때 루브릭을 제시한다. 성취기준이나 루브릭의 내용이나 용어가 추상적이거나 학생들 수준에 어려울 수 있기 때문에 루브릭의 내용을 읽고 이에 관해 질문을 만들어 보게 한다(4장 참조). 여러 반에 들어갈 경우, 좋은 질문은 다른 반에 소개하기도 한다. 함께 질문을 나누면서 학생들은 단원에서 알아야 할 것, 할 수 있어야 하는 것에 대한 감을 잡는다. 제시한 루브릭을 보며 '보기-생각하기-질문하기(see-think-wonder)' 루틴을 사용할 수도 있다. 각자 루브릭에서 관찰한 사실(see)을 적고 그를 통해 추론할 수 있는 내용(think)을 적은 후, 궁금한 점을 질문한다(wonder). 이후 이 내용을 친구들과 함께 나눈다. 이 활동을 통해 루브릭을 꼼꼼하게 읽으며 해석하는 시간을 가질 수 있다.

이후 단원 시작하기 전 본인의 수준이 어느 정도에 해당할지 체크해 본다. 진단평가 용도로 루브릭을 사용하는 것이다. 그리고 가장 자신 없는 항목을 적고 그 부분이 왜 자신이 없는지 이유도 적는다. 이후 모둠에서 돌아가면서 자신이 어려운 항목과 그 이유를 말하면 다른 모둠 친구들은 루브릭을 들여다보며 어떻게 하면 친구가 A로 갈 수 있을지 조언을 해 준다(5장 참조). 친구들의 조언이 끝나면 발표했던 모둠원은 친구들의 조언과 자신의 생각을 더해 자신 없는 부분을 보완하기 위한 전략을 세워 적는다. 이 전략 역시 단원이 끝난 후 학생들이 다시 한번 성찰하게 돕는다.

2-3. 프로젝트를 시작하기 전에 아래 배움 확인표를 읽고, 궁금한 것에 대해 질문을 만들어 봅시다. 또한 지금 나의 수준이라고 생각하는 내용을 평가 요소마다 □에 하나씩 표시해 봅시다.

<수행과제 1> 시집 읽고 대화나누기 (15점)

성취기준	평가 요소	평가 기준			
		A(매우 잘함)	B(달성함)	C(조금만 더)	D(힘을 내)
[9국05-04] 작품에서 보는 이나 말하는 이의 관점에 주목하여 작품을 수용한다.	말하는 이의 관점 분석	□시에서 화자의 **처지와 상황을 파악**하고, 화자의 관점이 **작품에 미친 효과**에 유의하며 작품을 감상할 수 있다.	□시에서 화자의 처지와 상황을 파악하며 작품을 감상할 수 있다.	□시에서 화자의 처지와 상황을 대략적으로 파악하며 작품을 감상할 수 있다.	□시의 내용을 일부 파악하며 작품을 감상할 수 있다.
[9국01-01] 듣기·말하기는 의미 공유의 과정임을 이해하고 듣기·말하기 활동을 한다.	시 내용 분석하며 대화나누기	□**자신의 해석을 담아** 화자의 감정에 공감하고, 시 내용을 **추론하고 정확하고 풍부하게 분석**하는 대화를 나눌 수 있다.	□자신의 해석을 담아 화자의 감정에 공감하고, 시 내용을 추론하고 분석하는 대화를 나눌 수 있다.	□화자를 고려하며 시 내용 분석에 관한 대화를 나눌 수 있다.	□시 내용에 관한 대화를 나눌 수 있다.
[9국01-02] 상대의 감정에 공감하며 적절하게 반응하는 대화를 나눈다	모둠원과 대화나누기	□모둠원에게 **질문**하고 **경청 후 반응을 보이**는 등 적극적으로 의미를 공유하면서 시집에 관해 대화할 수 있다.	□모둠원에게 어느 정도 반응을 보이고, 의미를 공유하며 시집에 관해 대화할 수 있다.	□모둠원들과 의미를 공유하면서 대화할 수 있다.	
궁금한 내용 질문					
친구 질문					

진단평가로 루브릭 사용하기

학습해야 하는 성취기준과 예시 작품 몇 개를 주고 학생들과 함께 성취기준에 맞는 루브릭을 만들어 볼 수도 있다(4장 참조). 잘된 결과물의 모습을 각자 쓰게 한 후, 성취기준에 비추어 평가 요소로 뽑아 본다. 모둠에서 논의하여 평가 요소로 할 만한 것들을 정리한 후, 반 전체가 함께 공유하고 평가 요소를 확정한다. 이후 모둠별로 루브릭에 기술하는 말을 함께 만든다. 학생들이 평가 요소를 잘 뽑지 못할 경우 교사가 제시할 수도 있다. 학생들이 만든 루브릭을 그대로 이용할 수도 있고, 교사가 미리 만들어 둔 루브릭을 나눠 주고 비슷한 점과 다른 점을 찾아 형광펜으로 칠해 보게 할 수도 있다.

학생들이 루브릭을 읽고 직접 만들어 보는 과정은, 이후 자신의 수행을 구체적으로 상상하게 하여 성공 기준을 내면화하고 평가자의 관점에서 메타인지를 활성화하도록 돕는다. 무엇보다 교사가 제공하는 루브릭을 수동적으로 받아들이는 것을 넘어 학생이 직접 평가 기준을 설정하는 과정에 참여하게 되면, 평가는 학습을 이끄는 도구가 되고, 학습으로서 평가로 전환이 이루어진다. 즉, 학습 과정에서 지속적으로 자기 피드백을 할 수 있다. 또한 이후 또래 피드백을 할 때 더욱 명확한 기준으로 임하게 된다.

⑤ 단원 중간 자기 피드백

단원에서 도달해야 할 지식과 기능을 학습한 후 실제 총괄 평가로서 수행평가를 시작하기 전에 학생들이 평가 요소를 다시 한번 내면화하는 작업이 필요하다.

먼저 단원 초반에 사용했던 루브릭을 주고 다양한 수준의 예시 작품을 그 루브릭에 맞추어 채점해 보도록 한다. 이 작업을 단원을 시작할 때 진행할 수도 있다. 선배들의 작품이 있으면 좋고, 그렇지 않다면 평가 요소별로 다양한 수행의 질을 지닌 예시 작품을 인공지능을 이용하여 만든 후 학생들에게 채점용으로 제시한다. 개인적으로 채점하게 하면 학생마다 눈높이가 다르기 때문에 교사와 함께 한 작품을 채점해 보든지, 개인이 한 것을 모둠에서 다시 한번 의논하여 점수를 매기도록 한다. 실제 예시 몇 개를 직접 채점해 보면 학생은 루브릭에 사용된 '효과적인'이나 '풍부한' 혹은 '참신하게'가 무엇을 의미하는지 알 수 있다.

메타인지는 자신의 행동을 모니터링하는 것과 스스로를 돌아보는 성찰이 핵심이다. 단원을 진행하는 도중 혹은 실제 수행평가를 시작하기 직전, 교사는 지금까지의 학습 과정을 모니터링해 보게 한다. 학생들은 단원을 시작할 때 자신이 썼던 목표를 다시 점검하고, 그 목표에 도달하기 위해 해야 할 일(To do list)을 만들어 본다. 실제 수행에 들어가면 긴장하게 되므로 자신의 강점을 살피는 일도 중요하다. 이를 위해 '나는 다음과 같은 일을 잘하기 때문에 목표에 도달할 수 있을 것입니다'라는 항목에 답을 해 본다. 또한 수행을 너무 커다랗게 느껴 포기하는 걸 방지하기 위해 '포기하거나 이만하면 됐다고 느껴질 때 계속 나아가기 위해 이 말을 기억하겠습니다'라는 항목에도 답을 해 본다. 어려울 때 나를 도와줄 수 있는 사람이 있다는 것을 되새기기 위해 '나는 이런 사람들에게 도움을 요청할 수 있습니다. 혹은 이런 자료를 참고할 수 있습니다' 항목에 답을 해 본다. 앞으로 하게 될 수행이 내 삶과 어떻게 연결되는지 다시 생각할 수 있도록 '내가 배운 것을 이후 삶에 어떻게 사용할 수 있을까요?'라는 질문에도 답을 해 본다.

실제 수행을 하기 전에 자신의 상태를 모니터링하고 마음가짐을 다잡으면 총괄평가에 적극적으로 임하게 된다. 이후 실제 수행을 진행하면서 학생들은 루브릭으로 자기 자신을 점검하기도 하고 동료들의 결과물을 점검하기도 하면서 목표에 도달하기 위한 전략을 세우고 자기 자신을 조절한다.

❻ 단원 마무리 자기 피드백

단원의 마무리는 보통 총괄평가로 이어진다. 총괄평가를 실시하기 전과 후에 학생들은 스스로 자신의 성취를 돌아보는 피드백을 할 수 있다. 지필고사와 같은 시험을 앞두고 있다면 배운 내용을 정리하면서 연습 시험을 설계해 보도록 한다. 단원의 내용을 정리하여 학생이 직접 시험 문제를 출제하고, 그에 관한 정답 및 해설을 적는다. 한 학생이 출제한 문제를 모둠원들이 풀면 채점을 해 주고 틀린 문제를 함께 논의한다. 이 과정을 통해 학생들은 배웠던 내용을 정리하며 자신이 무엇을 알고 모르는지를 명확히 하게 된다.

지필고사가 끝난 후 서술형 답안지를 확인하면서 교사가 주는 피드백은 총괄적인 피드백이다. 학생이 이미 결과를 안 다음이어서 개선에 대한 동기가 충분하지 않아 총괄평가 전에 실시하는 형성적 피드백만큼 효과적이지는 않지만 추후 학습을 위해서 자신이 모르는 부분이 무엇인지를 꼼꼼하게 확인해야 한다. 오답노트 쓰기가 가장 흔히 하는 활동이지만 그것보다는 시험 문제를 처음부터 끝까지 분석하는 것이 효과적이다. 시험 문제에 관해 1번부터 끝번까지 해설을 써 보게 하는 것이다. 공부를 제대로 하지 않은 학생은 무척 어려울 수 있기 때문에 학습지나 교과서 내용을 참고하면서 모둠으로 작업을 하면 좋다. 친구들과 논의하면서 대충 알았던 부분을 명확하게 알게 되는 효과가 있다.

수행평가가 끝난 후에는 자신의 수준을 성찰하는 활동을 한다. 과제물을 제출하면서 자신이 한 과제를 돌아보고 자신이 받을 것 같은 점수를 루브릭에 표시한다. 발표 시 학생들의 모습을 영상으로 녹화했다가 드라이브에 저장해 놔도 좋다. 이 경우 학생은 자신의 발표를 보고 들은 후 스스로 자기 피드백을 해서 교사에게 제출한다. 또한 단원을 시작할 때 자신의 수준을 점검했던 학습지를 보면서 그때와 어떤 것이 얼마나 달라졌는지도 적어 본다. 이를 통해 학생은 단원 초반에 비해 얼마나 성장했는지를 직접 느낄 수 있다. 학생이 제출하면, 교사는 실제 수행평가 점수를 학생에게 알려 준다.

내 친구를 소개합니다 최종 자기 평가

1. 자신이 했던 발표를 돌아보고 해당하는 칸에 빨간색으로 표시를 해 봅시다.(블록을 씌운 후 위 리본에서 A를 눌러 색깔을 바꿉니다) 총점과 그 점수를 받을 것 같은 이유(~~한 평가요소는 ~~~ 때문에 ~~점을 받을 것 같다), 처음 예상(학습지 2-3)과 달라진 점을 작성하세요.

평가요소	채점 기준			
	매우잘함(10점)	달성함(8점)	조금만더(6점)	힘을 내(4점)
핵심 정보 드러나게 발표하기	ㅁ짝과 대화를 나눈 후에 핵심적인 정보를 선별하여 **통일성 있게 구성**할 수 있다. ㅁ청중이 알기 쉽도록 **중요한 내용을 강조**하여 발표할 수 있다.	ㅁ짝과 대화를 나눈 후에 핵심적인 정보가 드러나도록 내용을 구성할 수 있다. ㅁ청중이 알기 쉽도록 내용을 발표할 수 있다.	ㅁ짝과 대화를 나눈 후에 내용을 구성하였으나 어떤 것이 핵심인지 분명하지 않다. ㅁ청중이 내용을 파악하기 위해 추론해야 한다.	ㅁ짝과 대화를 나눈 후에 짝에 관한 내용을 발표할 수 있다. ㅁ청중이 내용을 파악하기 위해 많은 추론을 해야 한다.
	매우잘함(10점)	달성함(8점)	조금만더(6점)	힘을 내(4점)
청중과 의미 공유하며 발표하기	말하기는 의미를 공유하는 과정을 이해하고 ☐적절한 크기와 속도로 말하기 ☐불필요한 끊임없이 자연스럽게 말하기 ☐청중의 반응에 대처하며 말하기 ☐효과적으로 전달할 수 있는 적절한 매체 활용하기 위의 내용 모두 만족하도록 말할 수 있다.	말하기는 의미를 공유하는 과정을 이해하고 ☐적절한 크기와 속도로 말하기 ☐불필요한 끊임없이 자연스럽게 말하기 ☐청중의 반응에 대처하며 말하기 ☐효과적으로 전달할 수 있는 적절한 매체 활용하기 위의 내용 중 2~3개 만족하도록 말할 수 있다.	청중과 소통하며 발표하는 데 있어 ☐자신 없고 머뭇거림 ☐목소리가 작거나 웃는 등의 이유로 연결이 끊김 ☐청중의 반응을 고려하지 않음 ☐활용한 매체가 다소 적절하지 않음 위의 이유로 의미 공유가 원활하지 않다.	청중 앞에서 발표하는 데 있어 ☐상당 시간 끊김이 있음 ☐목소리가 들리지 않음 ☐매체를 거의 활용하지 못함 위의 이유로 의미 공유에 어려움을 느낀다.

자신이 받을 것 같은 점수 표시해서 제출하기

예상 점수	19 점
그렇게 생각한 이유 (5줄 이상)	나름 잘한 것 같은데 막상 앞에 서니까 연습보다 말도 빨라지고 해서 적절한 크기와 말하기를 7점으로 하였다. 나머지는 가현이과 열심히 대화하여 가현이의 특징과 장단점을 잘 파악해 ppt를 만들고 쓸데없는 이야기 없이 잘 발표한 것 같다. 그리고 매체를 보고 평가하는 부분이 생각보다 어렵고 타당한 근거까지는 잘 모르겠어서 이렇게 하였다.
수업 시작하기 전에 예상했던 것과 비교	수업 시작 전에는 굉장히 자신만만했는데 막상 발표하려니까 떨리고 어려웠다. 그에 비해 발표 준비 부분에서는 시작 전보다 잘한 것 같아서 뿌듯하다.

그 점수를 받을 것 같은 이유 쓰기

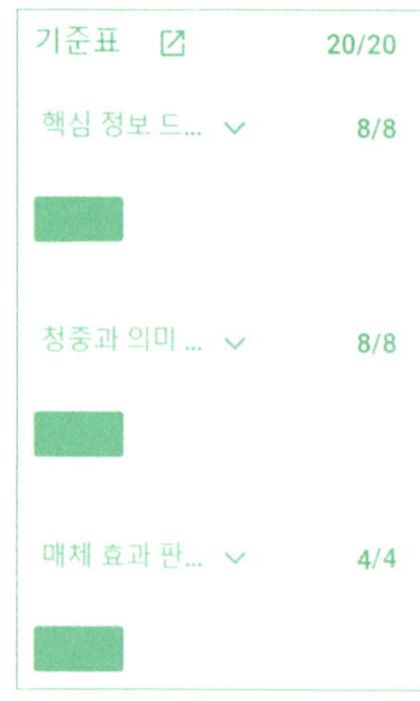

교사가 실제 수행 점수를 알려 주기

수업 시간에 배워야 하는 지식, 기능과 같은 인지적인 내용뿐만 아니라 정의적인 영역 또한 자기 평가가 가능하다. 교사가 학생들이 갖추었으면 하는 성향을 정리하여 루브릭으로 만들면 이를 단원을 시작할 때 체크해 보고 단원이 끝난 후 다른 색깔로 다시 체크해 본다. 진지하게 임하지 않는 경우를 대비하여 '동의' '부동의' 칸을 만들고 모둠으로 진행했다면 모둠원의 확인을 받는다. 본인이 자기 평가한 것에 대해 다른 모둠원이 동의하는지 아닌지를 표시한다. '부동의'에 체크할 경우, 왜 그런지 이유를 쓴다. 가끔 친구가 실제보다 더 잘했는데 자신을 낮게 평가했다며 '동의하지 않음'에 표시하는 너그러운 학생들도 있다. 친구들의 확인이 끝난 후에 그 내용을 살피며 어떤 생각이 들었는지 자신을 성찰해 본다. 중간 과정 없이 단원 시작할 때 표시하고 끝날 때만 점검한다면 교사가 원했던 성향을 제대로 기르지 못할 수 있다. 이때에는 배움 확인표와 같은 루틴(4장 참조)을 만들어 목표를 적으면서 정의적인 목표도 하나씩 골라 작성한다. '배/느/궁'을 쓸 때에도 배운 점에 정의적인 목표와 관련한 내용을 넣을 수 있다. 매시간 스스로 피드백을 하다 보면 동기, 효능감, 목표 설정 등의 성향을 내면화하게 된다.

모둠활동을 한 후, 성찰 루틴으로 학생들에게 '개인적으로 내가 이룬 것' '다른 사람의 성공에 기여한 것' '다른 사람의 노력을 바탕으로 내가 이룬 것'을 적어 보도록 한다. 모둠활동마다 이렇게 자기를 돌아보는 시간을 가지면 학생들은 자연스럽게 다른 친구의 도움을 받고 다른 친구를 돕게 된다. 이를 위해 교사는 교실 문화를 협력적으로 조성하고, 모둠 단위로 했을 때 시너지가 나는 과제를 설계해야 한다. 단, 활동은 모둠으로 하더라도 총괄평가 점수는 개인별로 부여하는 것이 바람직하다. 교사가 보고 싶은 것은 학생 개개인이 얼마나 성취기준에 도달했느냐이기 때문이다.

단원 초반에 했던 KWL 차트나 3-2-1 다리, 본인이 세운 목표 돌아보기 등을 단원이 끝날 때 다시 한번 실시해도 좋다. 그 외에도 '예전 생각 지금 생각'이나 '연결-확장-도전'과 같은 사고 루틴을 이용하여 단원을 돌아보게 할 수 있다. 내가 자주 사용하는 방법 중 하나는 '후배들에게 조언해 줄 말'을 적어 보는 것이다. 학생들은 자신이 잘했던 것을 자랑하기도 하고, 보람을 느꼈던 부분을 적기도 하며, 아쉬웠던 점은 잔소리 형태로 세세하게 적는다.

4. 시집 대화를 하고 난 소감을 적어 주세요. (하기 전에는 ~라고 생각했다. 하고 나니 ~이다/이런 생각이 들었다.)

하기 전에는 시를 진지하게 생각해 본 적이 없었고 분석해 본 적은 더더욱 없었는데 시집 대화를 하니 한 시집에서도 이렇게 많은 분석과 견해가 나올 수 있구나,라고 생각했다. 또 시집을 지은 시인이 화자를 통해 자신의 생각과 아이디어를 표현할 수 있었구나,라고 느꼈다. 시집에 대해 분석하고 생각을 나누어 보니 그 시가 기억에도 더 잘 남았다. 화자의 상황과 감정을 파악하는 것이 힘들었는데 친구들이 이야기하는 것을 듣다 보니 익숙해지고 이해도 잘할 수 있었다. 혼자 분석하고 느끼고 끝났다면 이렇게 넓게 바라보지 못했을 것 같다.

예전 생각 지금 생각

6. 다음 중 하나를 선택하여 적어 주세요. (표 아래에 적고, 2번은 7줄 이상 적으세요.)

1) 이 프로젝트가 더 나아지기 위해 선생님께 건의하고 싶은 것이나 기타 선생님에게 하고 싶은 말
2) 후배들이 이 프로젝트를 할 때 조언해 줄 말

2) 후배들이 이 프로젝트를 할 때 조언해 줄 말
다른 것보다 인터뷰가 매우 중요합니다. 다른 부분은 어차피 혼자서 하는 거라 모둠원들은 신경 쓰지 마세요. 인터뷰로 내 모든 활동이 결정되기 때문에 인터뷰 준비 때만 모둠원들과 대화하면 됩니다. 아, 물론 저는 모둠원들이 싫을 경우를 알려 주는 거구요.
시 쓰기가 어려울 때는 자기가 넣고 싶은 내용을 자신이 편한 문장으로 써 주세요. (예: 시계는 째깍째각 소리가 난다. 시계는 사장님을 닮고 싶다.)
그리고, 그 문장을 도치법 등을 사용해서 바꾸세요. (예: 나는 오늘도 어제와 다를 바 없이 째깍거리고 있다. 오랫동안 시간 속을 달려 온 나의 단 하나의 목적, 그것은 사장님을 닮는 것.)
이렇게 하면 시 쓰기가 훨씬 쉬워진답니다!

후배들에게 하는 조언

론 리치하트의 『Cultures of Thinking in Action』 서문에 나오는 소방서장 이야기가 기억난다. 산불이 난 상황에서 소방서장은 산의 북쪽 가장자리에 소방관 200명을 배치하기로 한다. 목적은 산불을 끄는 것. 소방서장의 가정은 소방관 200명을 북쪽에 배치해 참호를 파고 방화제를 뿌리면 산불을 진압할 수 있으리라는 것이다. 성공했는지 여부는 산불을 진압했는지에 달려 있다. 그렇지 않다면 가정을 재검토해야 한다. 왜 예상대로 작동하지 않았을까? 바람이 강했나? 소방관들이 너무 지쳤나? 아니면 장비에 문제가 있었나?

이는 수업과 피드백에도 똑같이 적용된다. 수업 후 학생

이 도달했는지가 수업의 목표이자 성공이므로 그렇지 않다면 가정을 재검토해야 한다. 왜 예상대로 되지 않았을까? 수업에서 어떤 부분을 바꾸어야 했을까? 피드백을 어떻게 줘야 했을까? 실행하고 검증하고, 성찰로 이어지는 성찰적인 진단과정이 피드백에서도 일어나야 한다.

피드백은 수업과 평가에서 학습의 방향을 제시하고 학생의 성장을 이끄는 핵심적인 상호작용이다. 교사는 단순히 정보를 전달하고 판단을 내리는 데 그치지 않고, 피드백을 통해 학생들이 더 나은 결과를 얻도록 돕는다. 나아가 학생들이 스스로 메타인지를 활용하며 학습에 주도성을 갖도록 연습할 기회를 제공한다. 피드백이 공이라면, 학습은 교사가 공을 던지고 학생이 그것을 받아 알아서 해내야 하는 일방적인 과정이 아니라 공을 주고받으며 함께 게임을 만들어 가는 과정이어야 한다. 교사는 왜 공을 던지는지 이유가 명확해야 하고, 학생은 공을 받아 어떻게 해야 하는지 잘 알고, 실제로 할 수 있어야 한다. 실질적이고 상호작용적인 피드백으로 학생의 배움과 성장을 도와주자.

5

피드백을 반영한 수업 설계의 실제

- 청소년 문학상

지금까지 피드백의 다양한 모습들을 살펴보았다. 교사가 어떻게 피드백을 주고, 학생들이 이 피드백을 어떻게 하면 잘 이해할 수 있는지 수업하고, 또래 피드백과 자기 피드백을 통해 스스로 메타인지를 활용하여 목표에 도달하게 하기 위해서는 어떤 점들을 고려해야 하는지 이야기했다.

그러나 피드백이 오가는 순간에 관해 이해하기 위해서는 이러한 내용들이 하나의 흐름으로 이어진 수업에서 드러나야만 한다. 따라서 독서를 기반으로 한 프로젝트 '청소년 문학상' 수업을 통해 단원의 시작부터 끝까지 학생의 배움과 성장을 위해 피드백을 어떤 방식으로 활용할 수 있는지 보이려 한다.[3)]

3) 이 글은 필자가 나눈 대담의 내용을 정리한 '피드백이 살아 있는 국어 수업의 실제'(김종서, 『함께 여는 국어교육』 2024년 봄호)를 바탕으로 재구성하였다. 청소년 문학상에 관한 세부적인 내용은 『보니샘과 함께하는 블렌디드 수업과 평가』(구본희, 우리학교, 2021)에 담겨 있다. 이 글은 청소년 문학상 프로젝트 전반이 아니라 피드백을 초점으로 하여 정리한 것이다.

❶ 도달점을 핵심 질문으로 삼아 수업과 평가 설계하기

'청소년 문학상' 수업은 학생들이 어떻게 하면 좋은 소설을 스스로 골라 읽을 수 있을까 하는 질문에서 시작했다. 여러 선생님께서 다양한 방식으로 청소년 문학상들을 운영하고 계셨으나 내 관심은 학생들이 소설을 심사한다는 데 있었다. 심사는 기본적으로 텍스트를 잘 이해할 뿐 아니라 이를 분석하여 자신의 관점으로 비판적으로 읽어 내야 가능하다. 학생들이 스스로 좋은 소설의 기준을 찾는 과정을 수행해 본다면 이를 다른 소설을 읽거나 고를 때도 이용할 수 있으리라 기대했다.

수업에서는 중학교 2학년 국어과의 다양한 성취기준을 활용하였다. 인권 관련 장편소설 읽기, 서술자를 중심으로 책 대화 나누기, 왜 자신의 책이 청소년 문학상 수상작이 되어야 하는지 발표하기, 다양한 표현을 활용하여 쓰기와 같은 수행 과제 세 개를 포함하여 8주에 걸쳐 프로젝트를 진행했다.

핵심 질문: 어떤 소설이 좋은 소설일까?

■ 인권을 다룬 여섯 권의 청소년 소설 중 마음에 드는 책을 한 권씩 읽고 이 책들 중 가장 괜찮은 책의 작가에게 '관악 청소년 문학상'을 시상합니다.

◇ 문학 영역
[9국05-04] 작품에서 보는 이나 말하는 이의 관점에 주목하여 작품을 수용한다.

◇ 읽기 영역
[9국02-10] 읽기의 가치와 중요성을 깨닫고 읽기를 생활화하는 태도를 지닌다.

◇ 듣기·말하기 영역
[9국01-01] 듣기·말하기는 의미 공유의 과정임을 이해하고 활동을 한다.
[9국01-02] 상대의 감정에 공감하며 적절하게 반응하는 대화를 나눈다.
[9국01-08] 핵심 정보가 잘 드러나도록 내용을 구성하여 발표한다.
[9국01-11] 매체 자료의 효과를 판단하며 듣는다.

◇ 쓰기 영역
[9국03-07] 생각이나 느낌, 경험을 드러내는 다양한 표현을 활용하여 글을 쓴다.
[9국03-09] 고쳐쓰기의 일반 원리를 고려하여 글을 고쳐 쓴다.

피드백의 목적은 학생이 학습 목표에 도달하도록 하는 것이기에 먼저 목표를 공유한다. 교사가 일방적으로 목표를 제시하기 전에 학생 스스로 이 프로젝트의 의의와 자신

만의 목표를 작성한다.

'청소년 문학상' 프로젝트는 왜 할까요? 하면 무엇이 좋고, 어떤 의미가 있을까요?

내 생각	학생들의 읽기, 말하기, 발표하기 실력을 키우기 위해서. 책을 읽고 그 책의 좋은 점들을 알기 위해서.
친구 생각	자신의 생각을 나타내고 대화하는 실력을 높이기 위해.

'청소년 문학상' 프로젝트는 나에게 어떤 의미가 있을까요? 이 프로젝트에서 나의 목표는 무엇인가요?

내 생각	주제에 맞춰 대화하가 글을 이해하기 쉽게 잘 쓰고 싶다.
친구 생각	여러 책을 읽고 그에 관한 서평을 잘 쓰고 싶다.

이를 공유한 후 교사는 학생들이 도달해야 할 지점인 평가 루브릭을 제시한다. 본인들이 생각하는 목표와 도달해야 하는 목표를 연결하여 프로젝트의 동기를 부여한다. 평가 루브릭을 단원 시작과 함께 제시하고 학생들과 공유하면 학생들이 도달점을 구체적으로 알 수 있고 교사도 이 루브릭을 바탕으로 피드백을 효과적으로 줄 수 있다. 최종적으로 교사 없이도 학생 스스로 루브릭을 기준으로 자기 피드백을 주면서 문제를 개선해 나간다.

수업 목표에 대한 학생들의 완전한 이해를 위해 교사는 루브릭 내용으로 질문을 만들어 보게 하거나 현재 자신의 수준이라고 생각하는 부분에 표시해 보도록 한다. 이를 통해 학생은 나아가야 할 목표 지점과 현재 수준 사이의 차이를 스스로 깨닫게 된다. 이후 수업을 통해 이 간극을 메워 갈 것이라고 안심을 시키면서 본인이 어떻게 해야 목표 지점에 도달할 수 있는지 또래 피드백, 자기 피드백을 하도록 한다. 자신 없는 부분을 생각해 보고 모둠 친구들이 어떻게 하면 목표 지점에 도달할 수 있는지 루브릭을 보면서 조언하고 이를 바탕으로 자기 피드백을 통해 자신만의 전략을 정리한다.

[현재 상태 파악] 배움 확인표에서 자신 없는 평가 요소는 무엇입니까? 이유를 두 줄 정도 적어 봅시다. 모두 A를 받을 것 같다면 그 이유도 두 줄 적어 봅시다.

영역	평가 요소	이유
책 읽고 글쓰기	고쳐쓰기	글을 쓸 때 자연스럽게 주제에 맞춰 글을 쓰지 못할 것 같다. 또 단어 선택도 부족할 것 같다.
	다양한 표현 활용하며 글쓰기	중심 내용을 잘 선정하고 그에 맞는 근거들을 찾아야 하는데 못할 것 같다. 또 창의적이고 재치 있게 내용을 구성하지 못할 것 같다.

[전략 세우기] 어떻게 하면 A로 갈 수 있을지 생각해 보고, A로 가기 위한 구체적인 방법을 적어 봅시다.

친구 생각	책을 보며 표현 구사력을 길러라.	글을 많이 써 보며 연습해라.
내 생각	책에서 한 구절을 분석하기	강조하고 싶은 단어를 대본에 많이 넣기

❷ 형성평가를 통해 단원에서 알아야 할 내용 학습하기

인권 관련 책 중에서 본인이 읽고 싶은 책을 고르고, 같은 책을 선택한 학생들끼리 모둠을 이뤄 질문을 만들면서 책을 읽는다. 이때 문학 성취기준을 달성하기 위해 '소설의 서술자'에 관한 학습을 함께 진행한다. 구글 클래스룸에 관련한 수준별 읽기 자료와 영상 자료를 올려놓고 학생들이 서술자와 시점에 관해 스스로 정리한다. 한 차시를 나누어 미니 레슨 방식으로 이론적인 내용을 15분 정도 다루고 이후 책을 읽는 방식이다. 학생이 시점과 서술자에 관해 제대로 알고 있는지 확인하는 형성평가는 4회에 걸쳐 진행된다. 각 차시에 명확한 목표가 있어야 그 목표에 맞게 피드백을 줄 수 있다. 아울러 학생의 생각을 눈으로 볼 수 있도록 학습지 등을 이용해야 한다.

차시	서술자와 시점 (미니 레슨과 형성평가)	책 읽고 질문 만들기
3차시	목표: 서술자와 시점의 뜻, 효과를 친구에게 말로 설명하기 - 지난 시간에 정리한 시점과 서술자 내용을 복습한 후, 배당받은 시점에 관해 친구들에게 안 보고 설명하기	표지와 제목을 보고 내용을 추측한 후 첫 시작을 왜 이렇게 구성했을지 질문 만들기

<table>
<tr><td>4차시</td><td>목표: 서술자와 시점을 활용해 옛이야기 고쳐쓰기
- 백설공주 이야기를 시점을 나누어 다시 쓰고 친구들과 시점에 맞게 고쳤는지 비교하기</td><td rowspan="3">모둠에서 논의하여 읽을 분량 목표를 정한 후 각자 읽고, 읽은 부분까지 질문 만들기, 질문에 관해 대화 나누기</td></tr>
<tr><td>5차시</td><td>목표: 서술자와 시점을 적용하고, 시점의 효과를 정리하기
- 자신이 읽은 소설의 시점을 분석하기, 다른 시점으로 바꾸어 본 후, 친구들과 논의하면서 그 효과를 파악하여 학습지에 정리하기</td></tr>
<tr><td>6차시</td><td>목표: 다양한 작품에서 서술자와 시점 적용하여 문제 해결하기
- 모둠과 의논하여 서술자와 시점에 관한 문제 풀어 보기</td></tr>
</table>

미니 레슨과 책 읽기를 진행하는 동안 자기 피드백과 또래 피드백이 함께 진행된다. 자신이 학습한 내용을 친구에게 설명하고, 동시에 교사는 순회하며 학생들이 작성한 학습지의 내용을 보고 개별 피드백을 진행한다. 모둠 전체가 오개념을 이용하여 문제를 해결하고 있지 않은지를 중심으로 꼼꼼히 살핀다.

❸ 또래 피드백과 자기 피드백을 통한 장편소설 읽고 대화 나누기

첫 번째 책 대화 수행평가를 시작하기 전에 다시 한번 목표를 확인한다. 루브릭을 보면서 지금 본인의 수준에 해당하는 단계에 체크하는 자기 피드백의 과정을 통해 점검한다. 선배들의 책 대화 보고서를 직접 채점해 보면서 평가 기준을 확실하게 인식하며 목표 지점을 다시 확인한다. 혼자서 하면 잘못 이해하거나 적용할 수 있기 때문에 교사와 함께, 모둠에서 또래와 함께 점진적 책임 이양의 방식(Gradual Release of Responsibility: GRR)[4]으로 진행한다. 이후에는 교사가 직접적인 피드백을 하지 않더라도 학생들은 자기 피드백을 통해 스스로를 평가하고 조정할 수 있게 된다.

클로바노트를 이용하여 책 읽고 대화한 내용을 녹음, 문서화한 후에 자신이 말한 부분을 수정하여 구글 클래스룸으로 제출한다. 이때 본인의 수행을 스스로 점검하는 자기 피드백을 통해 몇 점을 받을 것 같은지, 왜 그렇게 생각하는지 적는다. 또한 수행 직전에 자신의 수준을 표시했던 루

4) 교사가 처음에 과제에 대한 모든 책임을 맡고 모델링을 하며 시범을 보인다. 이후 단계적으로 학생들과 교사가 함께하고, 학생이 모둠에서 함께 수행하고 결국 완전한 독립성을 갖도록 하는 방식을 말한다. 흔히 'I do-We do-You do' 방식이라고도 한다. 『피드백, 이렇게 한다』(낸시 프레이·더글러스 피셔, 교육을바꾸는사람들, 2021)에 자세한 설명이 나와 있다.

브릭을 다시 살피면서 성장을 가늠한다. 학생들은 목표를 기준으로 이전보다 얼마나 나아졌는지 스스로 피드백을 하게 된다. 나아가 학생들이 또래 피드백의 효과를 깨닫도록 하기 위해 모둠활동에 관해 성찰하도록 한다. 개인적으로 이룬 성과, 다른 사람의 성공에 어떻게 기여했는지, 다른 사람의 노력을 바탕으로 내가 이룬 성과를 적는다. 이는 학습 과정 중에 서로 주고받는 또래 피드백이 결국 모두를 성장하게 한다는 것을 깨닫게 한다.

❹ 또래 피드백으로 책 내용 발표하기

청소년 문학상은 수업이 학생 전체의 투표로 결정된다. 투표를 하기 전 학생들은 왜 자신의 책이 청소년 문학상으로 선정되어야 하는지 다른 친구들을 설득한다. 책 내용을 근거로 청소년 문학상의 심사 기준을 뽑고, 장점을 홍보하며, 단점을 방어한다.

먼저 개인적으로 발표 개요(줄거리 정리, 소설의 장점, 장점에서 뽑은 심사 기준, 그 기준이 청소년 문학상에 필요한 이유, 그 기준이 소설 속에 어떻게 드러나 있는지, 소설의 단점과 그에 대한 반박)에 해당하는 내용을 학습지에 정리한다. 이미 책을 읽고 모둠원들과 대화를 나누면서 오개념은 어느 정도 수정되었고, 내용에 관한 분석도 진행된 상태이다. 또래 피드백을 통한 활동이 진행되지 않으면 교사가 학생들 한 명 한 명 일일이 상태를 점검해야 하는데 이는 현실적으로 쉽지 않다. 발표 내용에 관해서도 마찬가지이다. 개인적으로 작성한 내용을 친구들과 공유하면서 모든 항목에 대한 이해를 높인 후, 자신이 발표할 부분을 정한다. 친구들과 함께 이야기 나눈 내용을 정리하면 되므로 좀 더 쉽게 접근할 수 있다.

발표를 위한 루브릭을 다시 보면서 발표 연습을 한다. 그런 뒤 모둠끼리 또래 피드백을 통해 전체 내용이 유기적으로 연결되는지, 핵심 정보가 명확하게 전달되는지, 발표할 때 자세, 목소리 크기 등으로 인해 의미 전달이 저하되지는 않는지 점검한다. 모둠이 협력하여 우리 책이 왜 상을 받을 만한지를 이야기해야 하기 때문에 또래 피드백은 매우 구체성을 띤다. 특히 말하기 평가의 경우, 교사가 한 명씩 피드백하기가 쉽지 않기 때문에 또래 피드백의 역할이 훨씬 중요하다. 교사가 매 순간 개입하기가 쉽지 않기 때문에 미리 촘촘한 구조와 단계적 활동을 통해 또래 피드백, 자기 피드백을 하도록 한다. 이때 루브릭을 활용하면 명확한 기준점이 생기기 때문에 훨씬 효율적이다.

한 모둠씩 자신의 책이 왜 상을 받아야 하는지를 발표하면 다른 친구들은 각각 발표자에 대한 칭찬과 궁금한 점을 적는다. 질문의 질을 높이기 위해 모둠에서 논의하여 대표 질문을 뽑는다. 이때 다른 모둠은 왜 그 책이 수상작으로 적절하지 않은지 허점을 찾아낸다. 발표하지 않은 모둠이 칭찬을 공유하고 질문을 논의하는 동안 발표 모둠은 자리로 돌아가 자기 평가서를 작성한다. 2~3분 정도 후에 발표 모둠은 다시 앞으로 나오고 다른 모둠의 발표를 먼저 칭찬한 뒤 질의응답을 시작한다. 이 과정은 실제 수행평가 점수에 반영되지 않지만 수상작을 결정하는 중요한 순간인 만큼 학생들은 무척이나 진지하고 치열하게 임한다. 발표한 모둠은 칭찬 피드백을 듬뿍 받고, 동시에 날카로운 질문에 답하면서 그동안 모둠에서 진행했던 과정들을 비판적으로 성찰하게 된다. 이 내용은 자기 평가서에 담긴다.

발표가 끝난 후 학생들은 가장 마음에 드는 책 두 권에 투표한다. 보통 자신의 책을 한 권 고르고, 다른 모둠에서 발표한 내용 중 마음에 드는 것을 하나 고르게 된다. 한 학년만 이 프로젝트를 진행할 수도 있고 모든 학년이 함께 진행할 수도 있다. 1등으로 선정된 책의 작가를 모셔 와 '청소년 문학상' 상장을 드리는 행사를 열었다.

❺ 교사 개별 피드백과 또래 피드백으로 서평 쓰기

지금까지 했던 장편소설 읽고 대화하기, 책 내용 발표하기를 정리하는 수행평가로 서평 쓰기를 계획했다. 서평 쓰기를 하기 전, 학생들은 선배들의 글을 읽고 개인적으로 채점을 한 후, 모둠에서 합의하여 점수를 다시 부여한다. 또래들과 함께 루브릭의 기준을 실제 서평에 적용해 봄으로써 평가 기준을 확실하게 내면화한다.

피드백을 쉽게 하고 글을 쉽게 고칠 수 있도록 하기 위해 구글 문서를 이용한다. 온라인 도구는 문서화하고 공유하는 데에 이점이 있어 잘 사용하면 효과적인 피드백이 가능해진다. 교사가 만들어 배포한 구글 문서에 개요를 채워 넣은 학생부터 손을 들면 그 학생과 일대일 피드백을 진행한다. 서평을 통해 하고 싶은 이야기가 무엇인지, 그 근거들은 어떤 것인지를 먼저 확인한 후 성취기준에 해당하는 '다양한 표현 쓰기'를 어느 부분에 어떻게 넣을 것인지 대화를 나눈다. 교사는 질문 방식으로 피드백을 하고 학생은 그에 관한 대답을 포함, 교사가 하려는 피드백의 요점을 정리하여 구글 문서에 댓글을 단다. 댓글로 남겨 두면 다음 피드백에 참고하기 좋다. 수정한 개요를 한 번 더 교사에게 확인받은 학생은 글을 쓰기 시작한다. 학생마다 글을 쓰는 속도가 달라 느린 학생들은 한쪽 구석에 함께 앉혀 밀착 피드백을 한다.

모두 글쓰기에 진입하면 교사는 번호대로 한 명씩 호명하고 학생은 피드백을 받을 것인지 말 것인지 결정한다. 피드백을 원하는 학생은 자신의 크롬북을 들고 교탁 앞으로 나온다. 학생에 따라 자신의 몰입을 방해받고 싶지 않아서, 교사가 직전에 주었던 피드백을 수정하지 않아서, 새로운 이야기를 더 나눌 정도로 진행된 것이 없어서 등 각각의 이유로 피드백 기회를 거절하기도 한다. 글을 쓰는 동안 모든 학생은 세 번 이상 교사의 피드백을 받아야만 한다. 온라인 도구를 이용하면 글을 다 작성한 후 한꺼번에 피드백을 하지 않아도 되므로 중간 과정에서 논의하고 수정하는 것이 가능하다.

크롬북을 가지고 나온 학생의 글을 함께 보면서 이야기를 나눈다. 지금 상황이 어떤지, 어떤 지점이 좋아 보이는지 간단하게 언급한 후, 교사는 루브릭의 내용을 중심으로 궁금한 지점을 묻는다. 개요 때와 마찬가지로 학생은 교사의 질문을 피드백으로 해석하여 자신이 생각한 피드백 내용을 댓글로 적는다. 교사가 어떤 부분을 어떻게 고치라고 직접적인 피드백을 해서는 안 된다. 질문을 통해 학생이 스스로 생각해서 수정할 수 있게 해야 한다. 교사가 판단을 내려 주면 수정된 결과물의 질은 높겠지만 학생이 스스로 생각하지 않으면 이후 학생은 그와 비슷한 내용을 다른 글쓰기에 적용할 수 없게 된다.

학생들의 글쓰기 속도 또한 모두 다르므로 먼저 완성한 학생들은 또래 피드백을 먼저 한다. 글을 완성한 학생들을 같은 책을 읽지 않은 학생들끼리 다시 배치하여 자신이 쓴 서평을 다른 친구에게 읽어 준다. 친구들은 들으면서 실제적인 독자의 입장으로 한 사람당 두 개 정도의 질문을 한다. 읽어 준 학생은 친구들의 질문을 바탕으로 독자의 입장을 고려하여 글을 수정한다. 이 과정이 진행되는 동안 교사는 진행 속도가 느린 학생들을 더 밀착 피드백한다.

모두 글을 쓰면 같은 책을 읽은 친구들끼리 다시 모여 앉아 구글 문서의 댓글 기능을 이용하여 다른 친구들에게 피드백을 한다. 성취기준과 관련한 큼직한 피드백은 이미 교사 선에서 이루어졌기 때문에 이 경우에는 글의 완성도를 높이는 피드백이 주를 이루게 된다.

이 과정이 끝나면 학생들은 같은 반에서 다른 책을 읽은 학생 두 명, 다른 반에서 같은 책을 읽은 학생 한두 명을 골라 아래와 같은 서면 또래 피드백을 한다. 서면 피드백을 어떻게 해야 할지 구조를 미리 잡아 주면 학생들이 접근하기 쉽다. 아울러 피드백을 받아들이는 자세에 관한 교육도 필요하다.

	친구에게 한 말씀	친구의 말을 들으니
1. 내가 읽은 것	친구의 글에 관한 전체적인 생각을 이야기합니다. 글의 핵심 아이디어가 무엇인지 정리합니다.	친구가 쓴 내용이 내가 전달하려고 했던 것인지 아닌지 생각해 봅니다.
2. 내가 눈치챈 것	친구의 글 중에서 특별히 관심을 끌었던 부분은 어디입니까? 왜 그렇게 생각했습니까? 어떤 내용이 특히 생동감 넘치고 빼어납니까? 이 글에 관해 어떤 것이 기억에 남을 것 같습니까?	친구가 쓴 내용을 읽으며 친구의 관심을 끈 내용과 그 이유를 분석하고 그것을 글 전체에 적용할 수 있는 방법을 생각해 봅니다.
3. 내가 궁금한 것	친구의 글을 읽고 어떤 의문이 들었습니까? 궁금한 점은 무엇입니까? 무슨 뜻인지, 왜 그것이 포함되었는지 이해가 가지 않는 부분은 없었습니까? 지루하거나 읽는 데 방해가 되는 부분은 없었습니까? 다른 방식으로 고치면 더 나아질 것 같은 부분은 없었습니까?	친구가 쓴 질문에 관한 답을 글에 녹이기 위해 글을 어떻게 고쳐야 할지 생각해 봅니다. (친구가 느낀 부분을 좀 더 명확하게 하기 위해)

학생은 모든 피드백을 고려하여 글을 수정한 뒤 완성된 서평을 구글 클래스룸으로 제출한다. 자기 피드백을 통해 예상 점수를 쓰고 그렇게 생각한 까닭을 적는다. 교사는 구

글 클래스룸으로 실제 점수를 알려 준다. 마지막 제출 문서에는 학생이 자신이 잘한 점은 무엇이고 개선이 필요한 점은 무엇인지를 후배들에게 건네는 조언의 형태로 적는다.

서평을 작성하면 인터넷 서점에 자신들이 쓴 서평을 올린다. 시작할 때부터 서평을 공적인 곳에 게시한다고 이야기하면 수행하는 내내 학생들이 더 열의를 갖고 집중한다.

❻ 성장을 위한 마무리 피드백

교사의 피드백은 학습에 필수적인 요소이다. 개선이 필요한 부분에 대한 피드백이라 하더라도, 잘만 활용한다면 학습 의욕을 저하시키지 않고 오히려 학습에 활력을 불어넣고 학생들이 계속 노력하도록 동기를 부여할 수 있다. 또한 피드백은 인지적 성장뿐만 아니라 사회정서적 측면에서도 중요하다.

투표를 통해 시상할 작가를 선정하고, 서평 쓴 것을 인터넷 서점에 올린 후, 마지막으로 수업을 정리하기 위해 '학생 주도성 자기 점검표'를 작성한다. 이것은 인지적인 성취 기준의 학습 목표와는 다른 정의적인 가치, 태도에 관한 부분이다. 프로젝트 시작할 때 현재 자신의 수준이 어떤지 체크하고, 매일 배움 확인표에 목표를 쓰면서 자신이 이번 수업 시간에 잘 지켜 보고 싶은 것을 적고 '배/느/궁'을 쓰면서 매시간 점검했다. 한 달 정도 지난 후 단원이 모두 끝났을 때 자신이 얼마나 바뀌었는지 다른 색깔로 다시 표시한다. 이후 또래 피드백을 통해 본인이 생각하는 상태가 적절한지 그렇지 않은지를 점검받은 후(작성자가 표시한 것에 대해 동의/부동의 표시) 자기 피드백을 통해 프로젝트를 진행하는 동안 자신의 태도가 어떻게 바뀌었는지 작성한다.

학생들이 성장 마인드셋을 기르기 위해서는 인지적 영역이든 비인지적 영역이든 명확한 기준(목표와 루브릭)을 가지고 자신이 그것에 얼마나 도달했는지를 판단해야 한다. 나아가 자신이 통제할 수 있는 것이 무엇인지 성찰 및 자기평가를 거쳐야 한다. 이렇게 길러진 사회 정서 역량은 당연히 학습의 효율도 높여 줄 것이다.

〈학생 주도성 자기 점검표〉

* 프로젝트를 시작하면서 나의 모습을 살펴봅시다. 해당 칸에 ✓표시를 해 봅니다.

1) 학습에 대한 태도

영역	항상: 기준을 초과하여 잘함	자주: 기준에 맞음	가끔: 기준에 접근하였으나 맞지는 않음	드물게: 기준에 맞지 않음	동의	부동의	부동의 표시 이유
동기	□관심 분야뿐만 아니라 모르는 것을 알기 위해 기꺼이 노력한다. □새로운 것을 배우기가 즐겁고 힘들고 어려워도 내게 도움이 된다고 생각한다.	□모르는 것을 알기 위해 노력한다. □새로운 것을 배우기는 즐거우나 새로운 과제를 시도하는 데 살짝 용기를 북돋아 주는 것이 필요하다.	□때때로 모르는 것을 알기 위해 노력한다. □새로운 것을 배우기 위해 주변에서 용기를 북돋아 주어야 하며 시작할 때 지원이 필요하다.	□모르는 것을 알기 위해 노력하는 것이 귀찮다. □무엇인가 시도를 위해 지속적이고 집중적인 격려가 필요하다.	□	□	
효능감	□할 일을 해낼 능력이 충분하고 주어진 상황에 대처하여 어려움을 이겨 낼 수 있다. □주변의 도움 없이 계획대로 수행하여 제때에 수준 높은 과제를 완성한다.	□할 일을 해내지만 가끔 투덜거리거나 실의에 빠지기도 한다. □주변의 도움을 거의 받지 않고 계획대로 수행하여 제때에 수준 높은 과제를 완성한다.	□주변의 도움으로 할 일을 해내고, 어려움이 닥치면 포기하기도 한다. □수행 과정 중 자료를 모으거나 활용할 때 주변 사람의 도움이 필요하고 마무리할 때에도 종종 도움이 필요하다.	□광범위한 도움을 받아 할 일을 해내고, 어려움이 닥치면 주로 포기하려 한다. □수행 과정 중에 자료를 모으거나 활용하기 어렵고 주변의 광범위한 도움 없이는 과제를 완료할 수 없다.	□	□	

성찰	□독립적으로 내가 겪은 일을 돌아보며 그 경험의 의미를 생각해 본다. □일이 잘되지 않았을 때 원인을 구체적으로 파악하고 개선점이나 해결책을 찾으려고 다양한 방법을 적극 시도하면서 다시 도전한다.	□내가 겪은 경험이 어떤 의미가 있는지 보통은 독립적으로 되돌아본다. □일이 잘되지 않았을 때 원인을 생각해 보고 개선점이나 해결책을 찾으려고 노력하며 다시 도전한다.	□내가 한 행동을 돌아보기 위해 주변 사람들의 지원이 필요하다. □일이 잘되지 않았을 때 원인을 생각해 볼 때가 있고 개선점이나 해결책을 찾으려고 시도하는 경우가 있다.	□내가 겪은 경험의 의미를 잘 돌아보지 않는다. □일이 잘되지 않았을 때 그 원인을 생각하지 못하거나 개선하거나 해결하려는 시도를 거의 하지 않는다.	□	□	
마인드셋	□노력을 하면 발전이 가능하기에 간혹 실패하더라도 두려워하지 않고 안전해 보이지 않는 도전을 한다. □결과보다 과정이 더 중요하다고 생각한다. □다른 사람의 비판으로부터 배우고, 다른 사람의 성공에서 교훈을 찾는다.	□약간의 두려움이 있지만 실패하더라도 노력하며 안전하지 않은 도전을 하기도 한다. □결과만큼 과정도 중요하다고 생각한다. □가끔 다른 사람의 비판으로부터 배우고, 다른 사람의 성공에서 교훈을 찾는 경우도 있다.	□자기 능력을 확신하지 못하여 친숙한 과제를 끝내는 데도 종종 도움이 필요하다. □과정만큼 결과도 중요하다고 생각한다. □쓸모 있지만 부정적인 이야기를 드물게 받아들이는 경우도 있고, 다른 사람의 성공을 부럽게만 여길 뿐 보고 배우는 경우는 거의 없다.	□친숙하거나 새로운 시도를 하기 위해 지속적이고 집중적인 격려가 필요하다. □과정보다는 결과가 중요하다고 생각한다. □쓸모 있지만 부정적인 이야기는 무시하고, 다른 사람의 성공에 좌절하거나 상처받는다.	□	□	

2) 학습에 대한 행동

영역	항상: 기준을 초과하여 잘함	자주: 기준에 맞음	가끔: 기준에 접근하였으나 맞지는 않음	드물게: 기준에 맞지 않음	동의	부동의	부동의 표시 이유
목표설정	□하고자 하는 일에 대해 스스로 달성 가능한 목표를 세운다.	□하고자 하는 일에 대해 목표를 세우지만 가끔 달성 가능하지 않은 목표도 있다.	□하고자 하는 일에 제시된 계획을 의식한다.	□일반적으로 특별히 계획을 세우지 않는다.	□	□	
주도적 행동	□목표를 이루기 위해 필요한 것은 스스로 학습하며 우선순위를 정해 빠뜨리지 않고 행동으로 옮긴다. □문제 해결을 위해 다양한 방법과 자료를 찾아보며, 계획대로 안 될 때 다른 방법을 찾아본다.	□목표를 이루기 위해 세운 계획을 거의 실천한다. □문제 해결을 위해 방법과 자료를 고민하며, 계획대로 안 될 때 종종 다른 방법을 찾아본다.	□계획을 의식하여 행동으로 옮길 때가 가끔 있다. □문제 해결을 위해 고민하지만 때때로 막연하며, 계획대로 안 될 때 포기하기도 한다.	□계획이 있더라도 실천하는 경우가 많지 않다. □문제 해결을 위한 시도를 거의 하지 않으며 예상과 다를 경우 자주 포기한다.	□	□	
노력지속	□언제 기다리고 언제 도움을 요청해야 하는지 알고, 요청할 대상에게 무엇이 필요한지 정확하게 요청한다. □받은 도움이나 지원을 적절하게 활용하여 인내심을 갖고 목표를 달성하기 위해 시간 관리를 하며 노력한다.	□보통은 기다릴 줄 알고 필요할 때 대상을 정해서 요청한다. □받은 도움이나 지원을 어떻게든 활용하고 목표를 달성하기 위해 노력한다.	□일단 누구에게든 요청한다. □받은 도움이나 지원을 활용할 때가 있다.	□아무에게도 요청을 하지 않는다. □혼자서 대충 해결한다.	□	□	

3) 공동체 주도성

영역	항상: 기준을 초과하여 잘함	자주: 기준에 맞음	가끔: 기준에 접근하였으나 맞지는 않음	드물게: 기준에 맞지 않음	동의	부동의	부동의 표시 이유
의사소통	□상황을 고려하여 자신의 감정을 구체적이고 적절하게 표현한다. □다른 사람의 이야기에 온전하게 귀 기울이고, 눈을 맞추고 고개를 끄덕이는 등 적극적인 반응을 한다.	□자신의 생각이나 감정을 구체적으로 표현한다. □다른 사람의 이야기를 집중하여 듣고 적절한 반응을 한다.	□자신과 다른 의견에 가끔 주의를 기울이지 않고 자신의 생각, 감정을 대략적으로 표현한다. □가끔 주의가 흐트러지지만 다른 사람의 이야기를 대부분 집중하여 듣는다.	□자신과 다른 의견에 주의를 기울이지 않고 자신의 생각이나 감정을 표현하지 않는다. □다른 사람이 이야기를 하는 도중 방해되는 행동을 한다.	□	□	
배려	□자신과 다른 성격이나 입장에도 공감하는 태도를 가진다. □누구에게나 예의 바르게 행동한다. □다른 사람의 감정을 스스로 먼저 파악하여 말하고 행동하고, 남의 몸이나 물건을 항상 소중하게 대한다.	□자신과 다른 성격이나 입장에 주의를 기울인다. □대체로 예의 바른 말과 행동을 한다. □다른 사람의 감정을 고려하여 말하고, 다른 사람의 몸이나 물건을 소중하게 대한다.	□자신과 다른 성격, 입장에 가끔 주의를 기울이지 않고 무관심한 태도를 보이기도 한다. □종종 자발적으로 예의 바른 말과 행동을 하기보다 주변 사람들의 권유에 의한다. □자발적으로 다른 사람의 감정을 고려하여 말하고 행동하기보다 주변 사람의 권유에 의해 그런 말과 행동을 하며 다른 사람의 몸과 물건을 소중하게 대해야 한다는 걸 알면서도 매번 그러지는 않는다.	□자신과 다른 성격, 입장에 주의를 기울이지 않고 자신의 이야기만 계속하거나 무관심한 태도를 보인다. □자신이 어떤 점에서 예의 없는 말과 행동을 하는지 알지 못하거나 알더라도 그런 말과 행동을 한다. □자신이 다른 사람의 감정을 고려하지 않고 말하고 행동함을 알지 못하며 알더라도 고려하지 않는다. □자신이 다른 사람의 몸이나 물건을 함부로 대하고 있음을 객관적으로 알지 못한다.	□	□	

협업	□공동 목표 달성을 위해 친구들과 적극적으로 의견을 나누고 다양한 정보를 공유하며 리더십을 보여 준다. □결정된 의견을 모두 따르며, 문제가 있을 때에 모둠원과 합의를 거쳐 수정하고 역할 수행에 어려움을 겪는 모둠원에게 충분한 도움을 주어 참여할 수 있게 이끈다.	□공동 목표 달성을 위해 의견을 나누고 정보를 공유한다. □결정된 모둠의 의견을 따르고, 역할 수행에 어려움을 겪는 모둠원의 참여를 돕는다.	□공동 목표 달성을 위해 친구들과 활동을 하지만 의견을 나누거나 정보를 공유하는 것은 최소한으로 하며, 협력적으로 참여하기 위해 다른 사람의 도움이 필요하다. □결정된 의견에 대부분 따르고 역할 수행에 어려움을 겪는 모둠원에게 때로 참여하도록 격려한다.	□공동 목표 달성을 위해 앉아 있으나 관찰하기만 할 뿐 의견을 나누거나 정보를 공유하지 않는다. □결정된 의견에 따르지 않거나 역할 수행에 어려움을 겪는 모둠원을 활동에서 배제한다.	□	□	

닫는글

수업을 잘하고 싶었다. 그러다 보니 수업을 규정하는 평가에 관심을 두었고, 학생들이 왜 이리 점수를 받지 못하는지 고민하다 보니 피드백에 신경을 쓰게 되었다. 여러 책을 찾아보았으나 수업에서 피드백을 다룬 책들이 별로 없어 의료인을 위한 피드백 책을 구해 읽기도 했다. 자연스럽게 눈이 외국 서적에 쏠렸고, 생각이 비슷한 선생님들과 '피드백으로 움트는 교사 모임'(약칭 '피움')을 만들어 피드백 관련 원서들을 천천히 조금씩 읽어 나갔다. 그 과정에서 형성평가를 모르면 피드백을 이야기하는 게 소용이 없다는 걸 알게 되었고, 평가 공부를 하다 보니 루브릭에서 자기 평가까지 점점 확장하게 되어 결국 이렇게 한 권으로 묶게 되었다.

사람들이 물었다. "왜 그렇게 수업에 열정을 쏟으세요?" 수업을 열심히 하다 보니 학생들이 자라는 게 눈에 보였다. 내가 이거 하나 더 하면, 이렇게 비계 하나를 더 놓으면 학생들의 성과가 달라지는데 어찌 그것을 안 할 수 있을까. 학기초보다 몸과 마음이 훌쩍 커 버린 중학생 아이들은 내

원동력이었다. 어떻게 그 학생들을 그토록 사랑했을까? 잘 모르겠다. 반려 식물을 키우는 내 모습을 사랑하는 것과 비슷하지 않았나 싶다. 그저 학생들이 쑥쑥 크는 모습이 신나고 자랑스러웠으니 말이다.

사람들은 또 물었다. "뭘 그렇게 열심히 공부하세요?" 타고 난 성실함이야 어느 정도 있었겠지만 공부가 아주 좋지는 않았다. 하지만 내가 수업 시간에 뭔가를 제대로 했다고 느낄 때, 학생들이 이상하게 잘하는 것 같을 때, 아니면 반대로 해도 해도 안 된다는 생각이 들었을 때 책들은 나에게 그 이유를 알려 주었다. 책 속의 연구와 이론 들은 내가 제대로 해 왔다는 위로가 되었고, 잘하고 있으니 꾸준히 해 보라는 채찍질이 되었다. 자신감이 없어 책에 기대는 건지 모르겠으나 한 가지를 읽고 실천해 보고, 한 가지를 읽고 '그래서 제대로 안 된 거였군' 성찰하는 게 재미있었다.

이제는 수업하지 않는 처지가 되었다. 그래도 난 여전히 수업이 (정확히는 수업을 참관하는 것이) 재미있고, 예전에 만났던 학생의 모습을 떠올리며 더 제대로 배우려면 뭘 어떻게 하면 좋을지 혼자 혹은 함께 궁리해 보는 게 즐겁다. 다양한 수준의 수행평가 답안지를 학교 선생님들과 함께 분석하면서 어떻게 수업을 설계하고 피드백을 해야 더 나은 결과물이 나올까 이야기하는 게 좋다. 이런 즐거움과 재미를 더 많은 선생님과 나누고 싶다.

이를 위해서라도 논리가 필요했다. 학생들의 모습에서 교사가 알아차려야 하는 것은 무엇인지, 학생의 학습을 향상시키기 위해 교사가 해야 할 일은 무엇인지, 어떻게 해야 교사와 학생이 함께 성장한다는 기분을 느끼게 될지를 고심하여 한 권에 담아냈다. 이 책이 나와 비슷한 선생님들에게 조금이나마 보탬이 되었으면 좋겠다.

장 지오노의 『나무를 심은 사람』에서 서술자는 도토리를 심는 양치기를 만난다. 양치기는 자기가 심은 도토리로 인해 황무지가 숲으로 변할 것이라고 생각은 했겠지만 살아생전에 그것을 이룰 수 있을지는 알지 못했을 것이다. 나도 별반 다르지 않다. 그냥 내 자리에서 내가 할 수 있는 일을 재미나게 할 뿐. 황무지가 숲으로 변하는 걸 보지 못하면 또 어떠랴. 지금 이 일이 즐거운데.

참고문헌

「Feedback, At the Heart of—But Definitely Not All of—Formative Assessment」(『The Cambridge Handbook of Instructional Feedback』, Dylan Wiliam, Cambridge University Press, 2018)

「The development of student feedback literacy: enabling uptake of feedback」(『Assessment & Evaluation in Higher Education』, David Carless·David Boud, 2018)

「학생용 피드백 리터러시 척도(FLSS) 개발 및 타당화」(박민애·손원숙, 교육평가연구, 2019)

『Advancing Formative Assessment in Every Classroom: A Guide for Instructional Leaders』(Susan M. Brookhart·Connie M. Moss, ASCD, 2019)

『Cultures of Thinking in Action』(Ron Ritchhart, Jossey-Bass, 2023)

『Focus on Formative Feedback』(Valerie J. Shute, Review of Educational Research 78, 2008)

『How to Design Questions and Tasks to Assess Student Thinking』(Susan M. Brookhart, ASCD, 2014)

『How to Use Grading to Improve Learning』(Susan M. Brookhart, ASCD, 2017)

『Teacher Feedback to Improve Pupil Learning』(Joe Collin·Alex Quigley, Education Endowment Foundation, 2021)

『The Power of Feedback』(John Hattie·Helen Timperley, Review of Educational Research, 2007)

『UCL Verbal Feedback Toolkit』(UCL Access and Widening Participation, 2019)

『과정 중심 피드백』(김선·반재천, 세담북스, 2024)

『교실평가의 원리와 실제』(James H. McMillan, 교육과학사, 2015)

『당신은 다른 사람의 성공에 기여한 적 있는가?』(이소영, 퍼블리온, 2021)

『마을결합형 융합수업』(구본희·윤수란·이한솔·한얼, 휴머니스트, 2025)

『보니샘과 함께하는 블렌디드 수업과 평가』(구본희, 우리학교, 2021)

『보니샘과 함께하는 자신만만 프로젝트 수업 10』(구본희, 우리학교, 2020)

『사고력이 폭발하는 교실을 위한 8가지 도구』(론 리치하트, 우리학교, 2026)

『생각이 보이는 교실』(론 리치하트·마크 처치·캐린 모리슨, 사회평론아카데미, 2023)

『초·중등학교 교육과정 총론』(교육부, 2022)

『피드백, 이렇게 한다』(낸시 프레이, 더글러스 피셔, 교육을바꾸는사람들, 2021)

『학습 과정으로서의 평가』(Lorna M. Earl, 학지사, 2022)

『현장 교사를 위한 효과적인 피드백 방법』(수잔 M. 브룩하트, 학지사, 2020)

학습잠재력을 깨우는
피드백의 모든 것

1판 1쇄 발행 2026년 3월 6일

지은이 구본희
펴낸이 한기호
책임편집 이선진
편집 서정원, 박예슬, 송원빈
본부장 여문주
마케팅 윤병일, 신세빈
경영지원 김윤아
디자인 VUE
인쇄 예림인쇄

펴낸곳 (주)학교도서관저널
출판등록 제2009-000231호(2009년 10월 15일)
주소 | 04029 서울시 마포구 동교로 12안길 14(서교동) 삼성빌딩 A동 3층
전화 | 02-322-9677
팩스 | 02-6918-0818
전자우편 | slj9677@gmail.com
홈페이지 | www.slj.co.kr

ISBN 978-89-6915-201-5 (03370)